# RÉPONSE

## A L'ACCUSATION

### DIRIGÉE AU NOM DE QUELQUES FONCTIONNAIRES PUBLICS DU HAUT-RHIN,

#### CONTRE

# M. KOECHLIN,

#### MEMBRE DE LA CHAMBRE DES DÉPUTÉS,

##### AU SUJET

*De la Relation des Événemens qui ont précédé, accompagné et suivi l'arrestation du lieutenant-colonel* CARON.

## A PARIS,

DE L'IMPRIMERIE DE PLASSAN, RUE DE VAUGIRARD, N° 15.
DERRIÈRE L'ODÉON.

1823.

# RÉPONSE A L'ACCUSATION

## DIRIGÉE AU NOM
## DE QUELQUES FONCTIONNAIRES PUBLICS DU HAUT-RHIN,

### CONTRE

## M. KOECHLIN,

### MEMBRE DE LA CHAMBRE DES DÉPUTÉS.



Je suis prévenu, devant un tribunal correctionnel, d'avoir diffamé
les autorités civiles et militaires du département du Haut-Rhin, et
d'avoir excité mes concitoyens à la haine contre le gouvernement du
roi, en publiant la relation des événemens qui, dans les premiers
jours du mois de juillet, affligèrent l'Alsace, et pénétrèrent ses habitans de la plus juste indignation. Une accusation de calomnie est bien
pesante sans doute pour un homme qui, jusque-là, pouvait placer
sa vie tout entière sous les yeux de ses ennemis, sans craindre qu'ils
osassent lui reprocher d'avoir sacrifié une fois ses devoirs et la vérité à son ambition ou à ses intérêts. Mais il est des temps où les ac-

cusations les plus graves perdent beaucoup de leur amertume, par leur multiplicité même, et par la nature des besoins qui les ont dictées : et l'estime de mes concitoyens, et le témoignage de ma conscience me dédommagent assez de ce que, sous le prétexte d'une accusation en diffamation intentée contre moi, la diffamation la plus dégoûtante et la plus lâche, parce qu'elle est assurée de l'impunité, s'attache à ma poursuite pour me punir d'avoir publié ce qui est vrai. C'est de diffamation qu'on m'accuse, et chaque jour la préfecture du Haut-Rhin me fait diffamer dans son journal. C'est au nom de la vérité qu'on me persécute, et c'est la vérité qu'on veut étouffer! La France ne s'y trompera pas. Ma conscience me dit aujourd'hui, avec la même force qu'elle me le disait après les événemens de juillet, que j'ai rempli un devoir sacré en dénonçant ces odieux événemens. Le silence eût seul été de ma part un véritable crime envers mes concitoyens.

J'ai recueilli de la publicité de ma relation ce que je devais en attendre. Les hommes honnêtes avaient l'âme flétrie des éloges publics donnés à ce qui avait inspiré leur dégoût et ne méritait que leur mépris. Ils se sont réjouis de ce qu'on signalait enfin avec leur véritable caractère, des faits odieux, et qui outrageaient toutes les lois divines et humaines. L'opinion de l'Alsace s'est alors manifestée avec force, et cette opinion toute morale a fait une sorte de violence au pouvoir lui-même, et l'a ramené aux sentimens d'honnêteté publique qu'il semblait avoir méconnus dès les premiers jours qui suivirent l'arrestation du lieutenant-colonel Caron; car le ministère public paraît n'avoir consenti à s'adresser à la justice, au nom de l'honneur des autorités de Colmar, qu'à la condition de nier les faits dont ces autorités se faisaient gloire. Ainsi, on s'était efforcé d'abord de tromper la conscience publique sur la moralité des faits les plus graves. Les résultats n'ayant pas répondu à une telle attente, on reconnaît tardivement l'immoralité de ces faits, mais on assure qu'ils ne sont pas prouvés. Ce désaveu actuel des faits qu'on proclamait vrais, il y a quelques jours, est un hommage à ces principes d'éternelle justice que la politique ne saurait altérer. Je dois sans doute me féliciter de ce premier résultat; mais la vérité ne doit pas en souffrir.

L'Alsace a droit à cette vérité qu'on a voulu étouffer à tout prix. C'est par la vérité seule qu'elle répondra aux calomnies dont de misérables ambitions l'ont rendue l'objet, et qu'elle pourra prétendre à une administration plus digne d'elle. Dans cette pensée, je vais rappeler une seconde fois les événemens des 2 et 3 juillet, en indiquant les circonstances qui les ont précédés; et, puisqu'au mépris de tous les principes on s'obstine à me fermer l'accès des tribunaux, et que l'on ne veut pas même m'indiquer l'époque à laquelle je pourrai répondre à l'accusation dont on m'a rendu l'objet, je vais saisir de la connaissance de ma cause un tribunal qui, pour prononcer, n'aura pas besoin d'attendre le bon plaisir de M. le procureur du roi de Paris : c'est à l'opinion publique que je m'adresse (a).

(a) La procédure et les lenteurs que le ministère a fait observer à mon égard, et l'étrange situation dans laquelle je suis placé, me mettent dans la nécessité de faire connaître certains détails capables de caractériser une accusation qui, si elle s'est montrée pendant quelques jours impatiente de tout délai, avait délibéré près de quatre mois avant de se produire, et qui aujourd'hui semble renoncer à m'appeler désormais à des débats publics. Que signifient ces hésitations? Une accusation véritablement morale, n'est-elle pas propre à être produite dans tous les temps?

La relation des événemens des 2 et 3 juillet 1822 a été publiée le 12 août suivant; elle a été distribuée à Paris et dans l'Alsace. Aucune réclamation n'a été élevée contre l'exactitude du récit, de la part des autorités du Haut-Rhin; on s'est contenté de jeter dans le public un libelle anonyme, où l'on croit m'adresser une injure grave en me rappelant ma qualité de commerçant et de manufacturier. Ce trait suffisait pour indiquer l'origine de l'écrit. Ce libelle attentatoire à la vérité et à la morale publique, où l'on a eu l'impudeur de proclamer que l'on peut dresser des piéges aux citoyens réputés suspects par l'autorité, n'a pas trouvé une signature qui consentît à se charger d'une telle responsabilité. Il était digne en tous points des faits qu'il devait célébrer.

Habitant un des pays les plus fertiles du monde ; réunissant, par leur activité et par leur aptitude à des travaux soutenus, toutes les richesses de l'industrie à celles qu'ils doivent à la fertilité du sol, tolérans par caractère, doués d'une grande douceur de mœurs,

Ma relation ne fut d'abord l'objet d'aucune procédure directe : elle n'est pas encore saisie dans ce moment.

Avant de m'assigner devant un tribunal correctionnel, on jugea convenable d'intenter un procès devant le tribunal de Metz, à un journal intitulé *l'Abeille de la Moselle,* qui avait inséré un extrait de ma relation. Le journaliste, privé des pièces justificatives que seul je pouvais avoir, fut condamné le 25 septembre 1822. L'extrait qui servait de base à cette condamnation avait été inséré dans le *Journal du Commerce* avant de l'avoir été dans *l'Abeille de la Moselle;* toutefois le *Journal du Commerce* qu'il fallait juger à Paris, où les procès politiques jouissent d'une plus grande publicité, ne fut attaqué qu'après que son article eut été condamné à Metz.

Ce journal fut condamné par la sixième chambre du tribunal de première instance de Paris, le 22 novembre. Le ministère public ne manqua pas de se prévaloir du jugement déjà obtenu à Metz.

Le lendemain de cette condamnation, le 23 novembre, je reçus une assignation pour comparaître devant le même tribunal qui l'avait prononcée.

Aucune conscience n'osera mettre en doute un seul instant la loyauté du ministère public dans cette marche tortueuse qu'il a suivie pour m'atteindre ; on sera même convaincu que, fortifiée de deux condamnations contre des journalistes qui ont inséré un extrait de ma relation, et qui étaient privés des pièces justificatives, l'accusation n'est pas plus puissante aujourd'hui contre moi devant l'un des tribunaux qui ont prononcé ces condamnations, qu'elle ne l'eût été si ce tribunal avait eu à prononcer, dégagé de tout préjugé. Mais on se demandera comment il se fait que ma relation ayant été publiée le 5 août, le *Journal du Commerce* en ayant inséré un extrait le 21 du même mois, et *l'Abeille de la Moselle* n'ayant fait que répéter cet extrait, le 3 septembre, on ait poursuivi en sens inverse de l'ordre des culpabilités, d'abord à Metz, puis à Paris le *Journal du Commerce;* et que l'assignation ne m'ait été donnée à moi, l'auteur de la relation, que le lendemain de la condamnation de ce journal.

pleins de franchise et de loyauté, et ennemis de toute espèce de fraude et d'hypocrisie, les Alsaciens auraient tout ce qu'il faut pour être heureux et paisibles, s'ils possédaient une bonne administration. Mais, par le résultat des plus malheureuses circonstances, dans

Toutefois, à entendre un organe du ministère public, on eût dit que toute la loyauté était de son côté et la déloyauté du mien. Mon avocat lui-même a été l'objet d'une offense au-dessus de laquelle il est placé sans doute par son caractère; et voici à quelle occasion :

Le lendemain de la condamnation du *Journal du Commerce*, le ministère public se hâta de me faire assigner pour le vendredi suivant.

Ce jour-là même, Mᵉ Barthe était retenu à la cour d'assises dans une affaire qui devait l'intéresser vivement ainsi que tout le barreau; il se vit donc dans la nécessité de demander la remise de ma cause. Dans toute autre circonstance cette demande aurait été accueillie sans aucune difficulté. La remise demandée par l'avocat était un droit et pour lui et pour moi, puisque son ministère l'appelait dans une cause devant la cour d'assises où toute remise est impossible. Toutefois le tribunal ne m'accorda un délai de huit jours qu'après s'être montré très-peu disposé à reconnaître cette nécessité. Cette remise, rendue nécessaire par une circonstance indépendante de ma volonté et de celle de mon avocat, me contrariait beaucoup.

Ma présence en Alsace était sollicitée par mes affaires que j'avais abandonnées pour venir attendre à Paris, pendant plus d'un mois, une assignation de la part du ministère public. Prévoyant d'ailleurs que ma cause ne pourrait être débattue et jugée en un jour, je partis pour Mulhausen, priant mon avocat de demander un nouveau délai qui me permît de m'occuper de ce qu'il y avait d'urgent dans les motifs de mon voyage; ou disposé à faire défaut, droit qu'on n'a jamais contesté à un prévenu.

A l'audience suivante, Mᵉ Barthe écrivit au procureur du roi pour l'informer de mon départ; et, comme il avait dit au tribunal qu'il ne demanderait pas de nouveaux délais, il aima mieux laisser au ministère public la faculté de prendre défaut.

Des faits semblables se reproduisent chaque jour au palais, et le ministère public ne s'en plaint point; le prévenu fait défaut quand il le juge convena-

cette province, et particulièrement dans le département du Haut-Rhin, l'administration y rend inutiles tant de bienfaits de la Providence; et malgré leurs richesses et leur caractère, les habitans de ce département ne sont ni heureux ni paisibles. L'administration et les

ble, et l'avocat, qui se tient prêt à plaider, ne peut pas être responsable de ne pas produire son client à l'audience, au gré du ministère public, comme une pièce de la procédure. Dans ma cause, tout devait être insolite. Ces lenteurs si extraordinaires, et auxquelles je voudrais pouvoir donner des motifs dignes de la justice, qui avaient précédé mon assignation, avaient fait place à une ardeur de poursuite tout aussi extraordinaire, depuis que le *Journal du Commerce* était condamné.

Monseigneur le garde-des-sceaux porta plainte devant le conseil de discipline de l'ordre des avocats, contre mon avocat qu'il accusait d'avoir facilité *à un de ses cliens les moyens d'éluder l'action de la justice.*

Le conseil de discipline a répondu à Monseigneur le garde-des-sceaux, et aux offenses publiques du ministère public, en déclarant que l'avocat n'avait mérité aucun blâme.

Toutefois le tribunal de police correctionnelle, au lieu de prononcer défaut contre moi, ordonna que je serais réassigné. Je le fus en effet à la requête de M. Jacquinot de Pampelune, procureur du roi, conseiller-d'état et membre de la chambre des députés : ce fut un gendarme qui se présenta au nom de ce magistrat. Le choix de cet agent, dans un département où les huissiers ne manquent pas, pour assigner devant les tribunaux un membre de la chambre des députés, me parut une inconvenance, et je mis le tribunal dans la nécessité de rendre un jugement par défaut le 8 janvier 1823.

J'ai formé opposition contre ce jugement, par acte du 5 février suivant; depuis cette époque je n'ai plus entendu parler de mon procès; le ministère public en est revenu à son premier système de temporisation. Cependant, au mépris de l'acte d'opposition que j'avais fait notifier au ministère public, des ordres rigoureux étaient donnés au receveur de l'enregistrement de Mulhausen d'exécuter le jugement *par défaut.*

Une contrainte fut décernée contre moi avec menace de saisie si ma famille ne payait pas le montant de l'amende. L'administration de l'enregistre-

administrés n'ont rien de commun ensemble; ils diffèrent essentiel-
lement par les affections, le caractère et les habitudes. Dès-lors plus
de confiance réciproque. Les administrateurs prouvent assez, par les
excessives précautions d'une police inquiète, qu'ils se défient des

ment se fondait sur ce que je n'avais pas *appelé* du jugement par défaut du
8 janvier; ceux qui avaient donné à Paris les ordres de décerner *des con-
traintes* contre moi, et à un domicile où l'on savait bien que je n'étais
pas, puisque mon mandat me retenait à Paris, ignoraient sans doute que
les *jugemens* par défaut doivent être attaqués par *la voie de l'opposition*
et non pas par *la voie de l'appel.* Cette erreur *involontaire* de l'administration m'a déterminé à adresser au procureur du roi cette lettre du 31 mars
dernier:

Monsieur,

« Vous n'ignorez pas sans doute que l'erreur dans laquelle s'est trouvé
placée l'administration relativement à ma situation judiciaire, a occasioné à
ma famille un désagrément que peut-être il eût été possible de lui épargner.
Pendant que j'étais à Paris retenu par le mandat du département du Haut-
Rhin, l'administration de l'enregistrement a pensé que le jugement rendu par
défaut contre moi avait acquis force de chose jugée, et sa persuasion invo-
quait un certificat délivré par le greffe de Paris, constatant que je ne m'étais
pas rendu appelant du jugement prononcé à votre requête. Cependant tout
le monde savait que ce jugement avait été rendu par défaut, et que j'avais dû
l'attaquer par la voie de l'opposition et non pas par la voie de l'appel. L'acte
d'opposition vous avait été notifié de ma part, et les journaux en avaient fait
mention. Des ordres furent donnés au receveur de l'enregistrement de Mulhausen de poursuivre, pendant mon absence, et auprès de ma famille, l'exécution de ce jugement; une contrainte fut décernée contre moi par le receveur de l'enregistrement, et je devais payer, sous peine de saisie, une somme
de près de *six mille francs* pour amende et frais. Cette erreur de l'administration vous a été connue, et j'avais pensé qu'elle vous engagerait à mettre un
terme à l'étrange situation où je suis placé par vos retards. Depuis plusieurs
mois cette opposition est formée; elle a anéanti tous les effets du jugement
par défaut; je suis placé au même état où j'étais avant qu'il fût rendu,

habitans, comme ceux-ci disent assez hautement qu'ils n'ont pas grande confiance dans les intentions paternelles de leur administration.

Quel peut être le motif d'une division aussi déplorable? Qui a tort ou raison, du pays ou de ses administrateurs?.... Parmi ses fonctionnaires supérieurs, l'Alsace ne compte pas un homme né dans son sein, et, d'après une observation déjà faite, on dirait que, pour y obtenir un emploi de quelque importance, la première condition est de n'être pas Alsacien. Nous ne connaissons d'autres capacités que

c'est-à-dire, placé sous le poids d'une prévention de votre part, sans que je puisse prévoir un terme à cet état de prévention.

» Si une autorisation vous est nécessaire pour me citer devant le tribunal de police correctionnelle, depuis bien long-temps elle aurait dû être demandée, et sans doute vous l'auriez obtenue.

» J'ai pu concevoir des motifs de retard tant qu'il restait à poursuivre les journalistes qui ont inséré dans leurs journaux des extraits de mon écrit, ou les imprimeurs qui l'avaient imprimé et distribué. Mais maintenant que les tribunaux ont prononcé contre ces divers prévenus, et que l'accusation pourra invoquer contre moi ces utiles précédens, il me semble que les convenances exigeraient que le principal auteur de la relation des événemens de Colmar, du mois de juillet, fût traduit définitivement devant un tribunal où il pût exposer les motifs qui l'ont déterminé à publier cette relation, et faire connaître les preuves sur lesquelles elle est fondée.

» En vous adressant cette lettre, M. le procureur du roi, je n'ai pas l'intention de vous demander de m'indiquer les motifs de la marche extraordinaire que l'accusation a suivie contre moi, mais seulement de vous prier de vouloir bien me faire connaître l'époque à laquelle je puis espérer de voir cesser la position désagréable et inconvenante dans laquelle je me trouve placé.

Dans l'attente d'une réponse, je vous prie, M. le procureur du roi, d'agréer mes civilités. »

Paris, le 31 mars 1823.

M. le procureur du roi ne m'a pas répondu.

celles que la Lorraine ou telle autre province a pu nous envoyer. L'habitant de l'Alsace est peu actif pour solliciter des emplois ; l'activité qui s'applique au commerce ou à l'agriculture lui convient davantage, et il s'en fait honneur. Mais on comprend aisément que des fonctionnaires qui ne connaissent ni les habitudes ni les mœurs du pays, qui n'ont pas vécu avec ses habitans, qui ne leur sont liés par aucun souvenir, qui ne peuvent pas placer leur orgueil dans la prospérité de leurs établissemens commerciaux; qui, nés loin de l'Alsace, ne sont venus l'habiter que momentanément et seulement pour l'administrer sans la connaître; placés tout-à-coup au milieu d'une population peu prodigue de démonstrations, et qui juge moins les hommes d'après les promesses que d'après les services rendus : on comprend, dis-je, facilement que ces fonctionnaires aient pu désespérer de se populariser, et aient dédaigné d'entrevoir dans l'avenir l'époque où la reconnaissance publique ne permettrait plus de voir en eux des étrangers (a). Leurs rapports avec les habitans ne devaient plus être que des rapports d'administration et de police. Le caractère indépendant d'une population qui sent toute sa dignité; la présence de quelques fortunes commerciales, estimées dans le pays parce qu'elles sont la création de travaux utiles, parurent d'abord une humiliation pour certaines vanités; plus tard ce furent des signes d'insubordination et de révolte, et le pays entier fut déclaré

(a) On se tromperait cependant si on pensait que les Alsaciens sont dominés par une aveugle prévention contre tous les magistrats nés hors de leur province. Les Alsaciens sont au contraire hospitaliers, ils accueillent avec bienveillance les étrangers, et rendent hommage au talent et au patriotisme, de quelque province qu'ils soient. Mais l'administrateur étranger qui vient s'imposer à eux, sans être recommandé ni par son patriotisme, ni par son talent, et dont toutes les pensées tournées vers la capitale, consistent à se faire valoir auprès du pouvoir dispensateur des grâces et des honneurs, le plus souvent aux dépens de ses administrés, doit nécessairement être vu par ceux-ci avec une certaine répugnance.

en état de suspicion légitime dans l'âme de certains administrateurs. Puisse cette situation du département du Haut-Rhin fixer
tôt ou tard l'attention d'un gouvernement protecteur! qu'une direction sage et loyale donnée aux affaires, y rétablisse enfin la confiance entre le peuple et des magistrats dignes de lui; que le commerce y soit dégagé de toute entrave et de toute inquiétude, par la
liberté et par la sûreté des communications. Alors sans doute ce
beau pays s'avancera rapidement vers le degré de richesse et de
bonheur auquel la nature l'a réservé. Le système qu'on a suivi jusqu'à présent n'a eu que de trop funestes résultats.

Dès 1819, un fait très-remarquable put servir à nous faire connaître certaines pensées de notre administration. On saisit à Strasbourg, chez un tourneur de cette ville, sept cannes qui renfermaient
dans une de leurs extrémités des bustes de Bonaparte : on interroge
le présumé coupable; il désigne l'individu qui l'avait chargé de ce
travail. Cet individu se nommait Billiard; il était agent de police.
Billiard est interrogé; il déclare avoir agi par ordre de M. Drouet,
commissaire de police du sixième canton ouest de la ville de Strasbourg, celui-là même qui avait opéré la saisie et arrêté le tourneur.
Drouet est interrogé à son tour, et il déclare aussi avoir agi d'après
des instructions supérieures. Un magistrat, étranger sans doute à
ces instructions supérieures, reprocha à ce commissaire de police
d'avoir montré un zèle indiscret. Un autre magistrat fut destitué peu
de temps après;.... il emporta les regrets de tout le pays : on assure qu'il avait eu le courage de s'élever avec force contre le système
qui prévalait déjà en Alsace.

Dans les diverses élections pour la députation du Haut-Rhin à la
chambre des députés, l'administration et l'Alsace n'ont pas pu s'entendre. Les habitans du Haut-Rhin ont élu, pour députés, des
hommes que la préfecture n'a pas cessé de faire injurier. Élu moi-
même plusieurs fois par mes concitoyens, j'ai eu ma part de cette
diffamation officielle, et qui se déchaîne sans responsabilité. La ville
de Mulhausen, où j'habite et où ma famille a ses principaux établis-

semens, a été enveloppée dans ma disgrâce. Mulhausen, dont les manufactures excitent l'envie des étrangers, et devraient être l'orgueil de tout véritable Français, qui a été non-seulement pour l'Alsace, mais encore pour la France entière, le berceau de tout un genre d'industrie, qui a enrichi le département de superbes établissemens de commerce; Mulhausen, toute Française par ses affections, par sa reconnaissance, et aussi par ses sacrifices, qui a supporté les résultats d'une double invasion sans qu'aucun degrèvement d'impôts soit venu à son secours, n'a pu trouver grâce devant la préfecture du Haut-Rhin. Coupable d'avoir voté pour un candidat de l'opposition, elle devait être punie dans ses affections les plus chères, dans son patriotisme ! Et une main criminelle, que l'on pourrait supposer salariée par quelque puissance rivale, a exprimé le regret qu'elle fût Française ! et la préfecture a osé permettre que dans son journal, au milieu de ses diffamations de chaque jour, des vœux sacriléges contre une ville française fussent exprimés en haine des députés du département (a)! Certes, après de pareils traits, peut-

(a) La ville de Mulhouse avait, lors de sa réunion à la France en 1798, 4000 habitans; aujourd'hui elle en compte 15000. Les développemens donnés à l'industrie se font sentir dans tous les pays environnans : la population de tous les villages situés à 2 lieues à la ronde, est triple aujourd'hui de ce qu'elle était il y a 25 ans.

Les manufactures de Mulhouse ont des établissemens succursaux sur toute la surface du département du Haut-Rhin et sur la partie limitrophe de ceux du Bas-Rhin, des Vosges, du Doubs et de la Haute-Saône : le nombre d'ouvriers employés directement dans ces ateliers industriels, est de 60,000; l'industrie de cette seule ville livre chaque année pour 50 millions de francs de produits à la consommation. Ces 50 millions ne coûtent au département de déboursé réel en matières premières que tout au plus 10 millions, et de ces 10 millions, la moitié seulement est produit exotique, le surplus est fourni par nos départemens méridionaux. Un cinquième de la fabrication de Mulhouse est exporté à l'étranger, et les 10 millions de francs pour lesquels l'étranger est mis à contribution ne coûtent à la France que 2 millions et

on demander encore s'il existe en Alsace quelque sentiment commun entre l'administration et les administrés? Toutefois, dans ces
dernières circonstances, des faits graves se sont offerts pour caractériser plus fortement encore notre situation.

Par suite d'un arrêt d'évocation de la cour royale de Colmar,
vingt-trois individus accusés de crime d'état furent traduits devant
la cour d'assises de cette ville : de ce nombre, deux seulement nés
dans l'Alsace; les autres étrangers à la province, presque tous étu-
dians en droit ou en médecine, adolescens, quelques-uns encore en
minorité. Leur jeunesse, la présence de leurs parens qui étaient
venus des extrémités de la France pour redemander leurs fils au
jury, que M. le préfet devait commettre; peut-être aussi la rigueur
des traitemens dont quelques-uns avaient été l'objet, et les attaques
si déplorables que le journal de la préfecture se permettait contre
eux, pour amasser sur leur tête une espèce de notoriété publique,
pendant qu'ils étaient au secret, qu'ils ne pouvaient répondre; et
que leurs parens n'osaient parler de peur de compromettre ce qu'ils
avaient de plus cher au monde : toutes ces circonstances réunies
avaient intérossé en faveur des accusés presque tous les habitans du
département du Haut-Rhin. Le caractère des Alsaciens, plutôt qu'un
sentiment d'hostilité contre le gouvernement, les avait disposés à
cet intérêt qu'ils ont manifesté hautement. L'effusion du sang hu-
main leur fait horreur : plusieurs dans les campagnes appartiennent
à la secte des anabaptistes, qui a converti ce sentiment en principe
tellement absolu, qu'en justice même ces religionnaires ne croient

demi. Bénéfice net, 7 millions et demi par an. Il ne faudrait que 150 villes
comme Mulhouse pour faire remplir le budget de l'état par l'étranger.

Voici comment s'exprime sur cette ville le journal de M. le préfet : « La
grande masse aussi de notre population est royaliste, et *sans une seule ville,
française depuis peu de temps,* et florissante sous le règne des Bourbons, nous
aurions au moins 4 députés au côté droit. »

(*Journal du Haut-Rhin, du 3 décembre* 1822.)

pas avoir le droit de frapper de mort leur semblable. Aussi quoique
tous les habitans de l'Alsace n'aient pas la même religion, et que
dans le département du Haut-Rhin on compte plusieurs cultes
chrétiens, et que les Juifs y aient des synagogues, jamais l'exercice
de ces cultes divers n'a été troublé par la violence; et les mœurs de
l'Alsace ont suffi pour la garantir, dans les temps les plus déplorables
de notre révolution, de ces assassinats judiciaires qui désolaient
presque tous les autres départemens français; et s'il s'est trouvé
alors parmi ses habitans quelques ambitieux, en très-petit nombre,
qui aient voulu payer leur tribut à l'époque; leur propension à des
rigueurs ou à des atrocités politiques a été punie d'une telle infamie,
qu'ils ne sauraient s'en préserver de nos jours, ni par le sacrifice de
leurs anciens noms souillés à jamais, ni surtout par le sacrifice de
leurs exagérations passées à des exagérations nouvelles. C'est donc
avec étonnement qu'on a dû voir le procureur-général près la cour
royale de Colmar, méconnaissant des dispositions si honorables, attribuer à la haine contre le gouvernement, l'intérêt qu'inspiraient
quelques adolescens accusés de crime d'état, et se fonder sur des
marques d'approbation données (a) à la défense d'un accusé, pour
demander à la cour de cassation que le département du Haut-Rhin
fût déclaré en état de suspicion légitime dans un procès composé
surtout des événemens dont je vais rendre compte. Dans ces mar-

(a) M. le procureur-général parle dans son réquisitoire de la *composition
de l'auditoire, où de sinistres étrangers se faisaient remarquer par des applau-
dissemens donnés à la défense.*

M. le procureur-général avait oublié sans doute en écrivant ces mots pour
la cour de cassation, qu'au mépris du principe de la publicité des débats, on
n'entrait dans la salle de la cour d'assises de Colmar pendant les débats de
l'affaire de Béfort, qu'avec un billet délivré par M. le président, et qu'il n'y
avait d'étranger à l'Alsace... dans l'auditoire du moins, que les officiers du
régiment de l'Allier, qui seuls pouvaient entrer sans billet. Ces étrangers-là
ne se faisaient pas remarquer sans doute par les applaudisssemens donnés à la
défense.

ques d'approbation il n'y avait que de l'humanité : il est à plaindre, celui qui a pu y voir des passions haineuses, et un sentiment d'hostilité contre le gouvernement.

Le procès des accusés de la conspiration de Béfort était sur le point d'être jugé. Le jury était connu, l'ouverture des assises extraordinaires que devait présider M. le premier président de la cour royale, fixée par une première ordonnance au 8 juillet 1822; lorsque tout-à-coup le spectacle le plus extraordinaire est donné à la ville de Colmar. Le 2 juillet, à 5 heures du soir, l'autorité fait battre la générale et sonner le boute-selle; toute la garnison prend les armes; la cavalerie se met en bataille devant son quartier, l'infanterie occupe les différentes places et les carrefours; la troupe charge les armes ostensiblement; des patrouilles nombreuses de gendarmes, de cavalerie et d'infanterie, parcourent l'extérieur et l'intérieur de la ville les armes à la main; les avenues qui conduisent à la prison sont interdites à tout le monde; les portes de la ville sont fermées; les pompes à feu sont extraites de leur dépôt ordinaire et stationnées sur différens points, avec les pompiers prêts à les servir. M. le général commandant le département, et M. le préfet, parcourent la ville à cheval, se présentent aux portes et donnent des ordres. M. le maire se présente aussi à pied, tous revêtus de leurs marques distinctives, et armés.

Cependant la consternation règne dans une ville si paisible quelques instans auparavant. Chaque famille est dans l'alarme; toutes les occupations sont suspendues; l'ouvrier interrompt le travail qui le nourrit; et, si les habitans se réunissent pour s'informer des motifs de cet appareil de guerre, on les repousse, on les dissipe, et on les somme de rentrer dans leurs maisons. Quelques-uns d'entre eux, et notamment M. Verny, avocat à la cour royale de Colmar, sont détenus arbitrairement dans leur domicile, que l'on ne craint pas de violer en y installant la gendarmerie. Par une publication faite au son du tambour, M. le maire enjoint aux chefs de famille de faire rentrer leurs enfans et leurs domestiques, *des faits et gestes desquels ils demeurent responsables.* Quelle est donc cette responsabilité indéfinie dont les chefs de famille sont menacés? quelles circonstances l'ont fait naître cette responsabilité nouvelle que M. le maire fait révéler aux chefs de famille? Quels faits, quelles volontés viennent de créer de nouveaux dangers pour leurs enfans, pour leurs domestiques, pour eux-mêmes?... Le bruit se répand dans toute la ville qu'un escadron des chasseurs de l'Allier vient de déserter avec armes et bagages, et chacun se rappelle en effet qu'un escadron est parti au galop, laissant ses chefs derrière lui. Bientôt une ordonnance traverse la ville, et on apprend qu'un escadron des chasseurs de la Charente a déserté avec ses armes, après avoir abandonné ses chefs à Brisach ; l'un des escadrons, celui parti de Colmar, s'est placé sous les ordres d'un officier supérieur en retraite, le lieutenant-colonel Caron, et a fait entendre les cris de *vive l'empereur !* Des bruits vagues circulent de maison en maison, et viennent ajouter, dans les familles, à l'impression déjà faite par des documens très-positifs. Les uns voient la guerre civile aux portes de la ville; d'autres pénètrent toute la pensée administrative que cache ce terrible appareil, et leur âme est révoltée des affreux résultats qu'elle peut enfanter; tous s'efforcent de préserver leurs *enfans*, leurs *ouvriers* et leurs domestiques de la responsabilité dont M. le maire avait eu la bonté de les prévenir.

Il faut ici reprendre les faits de plus haut, et préciser, d'après des documens irrécusables, les circonstances qui ont précédé cet événement et celles qui l'ont suivi.

Dans le mois de mai 1822, des rapports s'étaient établis entre le lieutenant-colonel Caron et des sous-officiers de la garnison de Colmar et de Brisach. Le premier intermédiaire entre Caron et les sous-officiers de Brisach, fut le nommé Delzaive, sergent d'infanterie, qui reçut ordre de ses chefs de présenter à cet officier supérieur les sous-officiers nommés Magnien, Gérard, Thiers. Est-ce le lieutenant-colonel Caron qui rechercha le sergent Delzaive pour en faire un instrument de révolte? est-ce Delzaive qui rechercha le lieutenant-colonel Caron pour le livrer en victime aux plus détestables ambitions? Je fournirai plus tard tous les documens nécessaires pour résoudre cette question, et peut-être bien des convictions répondront à la mienne (1).

Il s'agissait d'abord, entre les sous-officiers et Caron, de la délivrance des détenus impliqués dans l'affaire de Béfort, parmi lesquels cet officier avait un ami intime, un ancien compagnon d'armes, le colonel Pailhez. Seul de tous les habitans de Colmar, et par un privilége que la mère d'un accusé avait sollicité en vain, le lieutenant-colonel Caron entrait à toute heure dans la prison, et communiquait librement avec les prisonniers : il a joui surtout de ce privilége lorsque, sur les offres de Delzaive, ses rapports avec les trois autres sous-officiers furent établis. Les prisonniers devaient être délivrés par la violence; et, pour mieux nourrir ses espérances, pour aplanir toutes les difficultés qui auraient pu l'arrêter, Gérard, maréchal-des-logis dès chasseurs de la Charente à Neuf-Brisach, et Thiers, maréchal-des-logis dans les chasseurs de l'Allier à Colmar, d'après des instructions supérieures, ainsi qu'ils l'ont dit eux-mêmes, lui offrirent les secours de leurs escadrons. Gérard a déclaré hautement, devant un conseil de guerre, qu'il lui aurait offert *l'armée tout entière* (2). Pour mieux le lier à ses projets, les sermens furent multipliés; et, dans leurs rapports à leurs supérieurs les sous-officiers énumèrent avec complaisance le nombre de protestations de bonne foi et de faux sermens qu'ils ont cru devoir accorder à leur position, pour s'assurer de la confiance de celui qu'ils devaient livrer plus tard : ils demandaient de l'argent, et ils en recevaient (a). Un mois entier s'écoula pendant ces relations, ordon-

(1) *Voy.* Pièces justificatives, p. 35 et suiv.— (2) *Voy.* id., p. 41.

(a) Il paraîtrait, d'après ce rapport des sous-officiers, que Caron qui leur avait remis de légères sommes, leur en avait promis une considérable. Voici ce que le sous-officier Gérard disait à Thiers et à Magnien pour les engager à le seconder dans sa conspiration avec Caron : *Vous pouvez compter que l'argent ne manquera point, et si nous n'obtenons point les récompenses promises par ces scélérats,* nous aurons au moins fait notre devoir en déjouant leurs infâmes projets, et nous aurons mérité l'estime de nos chefs. » (*Rapport de Thiers à son capitaine, page* 13 *de la relation du procès de Caron.*)

nées et facilitées par les autorités civile et militaire de Colmar. Le colonel Caron, rêvant seul la délivrance de son ami, n'avait pas de complices : on lui laissa assez de temps pour qu'il pût en faire; il n'en fit pas. Il paraît d'ailleurs qu'il avait renoncé à son projet. Tant de soins, tant d'intrigues, tant de sermens allaient donc être perdus? Tant d'ambitions mises en mouvement devaient-elles s'arrêter tout-à-coup? et la pensée première qui avait conçu cette intrigue devait-elle consentir à perdre tout le bénéfice qu'elle pouvait s'en promettre? Il n'en fut pas ainsi. Caron veut éviter les sous-officiers; ceux-ci le recherchent, le pressent de leur donner un nouveau rendez-vous. Delzaive quitte son régiment, de l'agrément de ses chefs: il vient de Brisack à Colmar tout exprès pour obtenir une entrevue. Gérard envoie un commissionnaire à Caron, avec une lettre pour *renouer l'affaire :* ce sont ses expressions, parce que, dit-il, il n'y avait pas eu de rendez-vous depuis dix jours (1).

L'affaire renouée, Caron veut sans cesse en ajourner l'exécution; il demande de nouvelles remises. On le presse vivement; Gérard dit qu'il craint d'être surveillé par M. de Joly, chef d'escadron. Tantôt il craint l'arrivée du colonel Courtier : une autre fois, *une indiscrétion peut les perdre; il faut agir.* La considération du danger que courent les sous-officiers, qu'*une indiscrétion peut perdre*, rappelle le lieutenant-colonel Caron à des projets que, pour son propre compte, ses réflexions le portaient peut-être à abandonner. Caron cède à ces instances, et il est convenu que le 2 juillet, à cinq heures du soir, le mouvement s'opérera : les escadrons devront déserter avec leurs armes, l'un de Colmar, commandé par Thiers, et l'autre de Brisack, commandé par Gérard [l'heure et le jour avaient été fixés par le colonel du régiment de l'Allier, d'après les ordres du général commandant le département (2) ]. Le sergent Magnien devra apporter à Caron son habit d'uniforme et son casque : Thiers lui remettra son sabre [mais auparavant ce sous-officier doit montrer cette arme au général Rambourg, pour lui prouver que tout est arrêté (3)].

(1) *Voy.* pièces justificatives, p. 49. — (2) *Id.*, p. 44 et 49. — (3) *Id.*, p. 45.

Malgré les promesses du lieutenant-colonel Caron, on craint encore qu'il ne soit pas assez enchaîné à ses projets, et qu'il ne veuille
demander de nouvelles remises. On convient avec lui d'un rendezvous pour le 1er juillet, veille de l'exécution, à sept heures et demie
du matin, entre Brisack et Colmar, et les sous-officiers reçoivent
du général Rambourg l'ordre de l'arrêter, s'il paraît éloigner le jour
de l'exécution : il est certain que des militaires furent postés, avec
leurs armes, derrière des arbres pour se précipiter au premier signal. Les sous-officiers nous ont appris ces détails. Ainsi, Caron auraitil voulu se ménager les moyens d'abandonner ses projets, en demandant de nouveaux délais? aurait-il résisté aux instances des sous-
officiers? des ordres étaient donnés pour l'arrêter. Il a cédé aux
instances ; le jour de l'exécution a été accepté par lui....., et l'échafaud l'attendait.

Le lieutenant-colonel Caron prétend que, dans cette forêt, Thiers
et Gérard le forcèrent, par des menaces, à persister dans des projets qu'il voulait abandonner. Trois témoins ont déclaré, sous la foi
du serment, avoir entendu dire à Thiers et à Gérard, que *Caron ne
voulait pas se décider*, *et que Thiers l'avait forcé*, *le pistolet sur la
gorge*, *à marcher.* Pouvait-on concevoir une intrigue plus odieuse
et plus indigne du soldat français? En voyant, au milieu d'un
bois, cachés derrière des arbres, des sous-officiers français prêts
à se précipiter tout armés sur Caron, au premier signal qui leur
serait donné ; en voyant deux autres sous-officiers, forçant, par des
menaces, à persister dans un projet criminel, un ancien colonel de
la vieille armée qu'ils voulaient bientôt livrer à l'échafaud pour ce
même projet, l'âme n'est-elle point indignée, et n'a-t-on pas le droit
de reprocher aux autorités de Colmar d'avoir souillé, dans plusieurs
soldats revêtus de l'uniforme national, une profession pour laquelle
l'honneur est tout, et de leur demander à quel avenir ils prétendaient les préparer par de telles souillures? L'heure et le jour sont
donc fixés par l'autorité militaire supérieure du département ; un
sous-officier apportera à Caron son uniforme de colonel, afin qu'il

puisse prendre le commandement des escadrons qu'on doit lui offrir ; un autre sous-officier lui remettra ses armes, après qu'elles auront été vues et touchées de M. le général Rambourg; enfin, le 2 juillet à cinq heures du soir, tout s'exécute ainsi que les autorités l'avaient prévu et voulu.

On connaît maintenant les causes de tout cet appareil de guerre, de ces mesures violentes dont Colmar fut le théâtre au 2 juillet, et de cette responsabilité nouvelle pour les chefs de famille proclamée au son du tambour. Les nouvelles répandues dans cette ville, pendant l'état de siége où on l'avait mise, furent colportées dans les villes environnantes; et à Strasbourg on sut que des escadrons avaient proclamé l'empereur dans le Haut-Rhin, avant qu'on pût soupçonner que ce n'était qu'une épreuve à laquelle on avait cru devoir soumettre ce département.

L'escadron du régiment de l'Allier, parti de Colmar sous les ordres de Thiers, arriva vers 6 heures du soir, sur la hauteur de Hattstatt, aux cris de *vive l'empereur!* et il ne paraît nullement que cela eût été convenu d'avance avec le nouveau chef qu'il allait reconnaître. Ce fut là que se présenta Caron, revêtu de son uniforme de colonel, que le sous-officier Magnien lui avait apporté. Thiers lui remit son sabre; et, après quelques mots, les cris de *vive l'empereur* furent de nouveau proférés. Le *Moniteur*, du 6 juillet 1822, raconte que les communes de Hattstatt et de Rouffack furent traversées aux mêmes cris, et que les paysans effrayés prenaient la fuite.

Arrivé à Mayenheim, l'escadron de l'Allier rencontra l'escadron parti de Brisack, commandé par Gérard : celui-ci s'avance au-devant de Caron, arrache sa cocarde blanche, et la foule aux pieds. Les deux escadrons, ayant dans leurs rangs des officiers qui avaient consenti à se déguiser en soldats, reconnaissent le même chef, et les mêmes cris sont proférés. La troupe se répandit dans la commune, où les patrouilles firent leur reconnaissance toujours aux mêmes cris. Les soldats, ou des officiers déguisés en soldats, demandèrent à un

( 20 )

capitaine en retraite quelles étaient les dispositions de la commune,
et combien d'hommes elle pourrait mettre sous les armes.

L'avant-garde des deux escadrons réunis arrive à Battenheim, se
présente chez le maire, et, quoique sans feuille de route, le force à
délivrer des billets de logement pour la troupe, par la menace de
s'établir militairement dans la commune. En attendant l'arrivée de
Caron, ils disent au maire qu'ils ne *sont plus les soldats du roi, mais
les soldats de Napoléon*. Le maire ne répond rien : ils veulent alors
sonner le tocsin; mais la fermeté de cet homme respectable em-
pêche ce nouvel attentat. En écrivant ces dernières lignes, le sentiment du danger qu'ont couru mes concitoyens me permet à peine
de contenir mon indignation. Dans quel pays, grand Dieu! et sous
quelles lois de pareilles provocations pourraient-elles n'être pas un
crime? Le sang des hommes, le sang des Alsaciens, a-t-il donc si
peu de prix aux yeux de la faction qui les opprime! Ce n'était donc
pas assez, à son gré, d'avoir laissé un mois entier au colonel Caron
pour se faire des complices? Elle avait pourtant alors, dans les prisons de Colmar, 23 accusés de crime politique : fallait-il encore faire
proclamer par deux escadrons entiers en présence de tout un pays,
que la carrière de la révolte à main armée était ouverte, ordonner à
ces escadrons de faire entendre un cri de ralliement, et réaliser ainsi
le fait de provocation le plus violent peut-être de tous ceux qui souil-
lent cette dernière époque de notre histoire? Qui pouvait calculer
avec certitude tous les résultats possibles de ces provocations? Je le
dis du fond de ma conscience, et avec la plus intime conviction,
si le maire de Battenheim avait manqué de fermeté, si les soldats
avaient sonné le tocsin, le sang de plus d'un malheureux eût été
répandu. Qui oserait donc, à la face du monde, excuser celles des
autorités de Colmar qui ont autorisé des provocations aussi soute-
nues? leur imprudence n'est-elle pas entachée de la plus atroce
inhumanité ?

Ce fut à Battenheim qu'eut lieu l'arrestation du colonel Caron :

ellé fut accompagnée de circonstances qu'il serait inutile de rappeler ici. Le lendemain, 3 juillet, les deux escadrons entrèrent dans Colmar aux cris de *vive le roi !* conduisant le chef qu'ils avaient proclamé la veille aux cris de *vive l'empereur ! vive le colonel Caron !* Ils le livraient maintenant, les pieds et les mains liés, avec Roger, maître d'équitation à Colmar, qui avait été le confident des sous-officiers et de Caron, et qui avait suivi l'un des escadrons. Le même jour, M. le procureur du roi, M. le juge d'instruction, M. le sous-préfet, et un lieutenant de gendarmerie, se rendirent à Battenheim pour prendre des informations; ils demandèrent au maire s'il n'avait pas vu des habitans de Mulhouse.

Ici commence une nouvelle série de faits, plus déplorable encore pour les véritables amis de la morale et des lois; car il y a peut-être quelque chose de moins affligeant dans le crime, quelle que soit sa nature, que dans les éloges public qu'on lui donne, ou dans les récompenses qu'on parvient à surprendre en sa faveur. Qu'est-ce donc lorsque pour assurer son impunité jusqué dans la conscience publique, on lui sacrifie les derniers refuges de la liberté des citoyens, l'ordre des juridictions, et la publicité des débats judiciaires.

Le 12 juillet, le général, commandant la 5ᵉ division militaire, arrive à Colmar; il fait assembler la garnison, et, sur la même place où la désertion avait eu lieu, les récompenses sont distribuées Thiers, Gérard, Magnien, sont faits officiers, et, après cette promotion, on leur délivre à chacun, ainsi qu'à Delzaive, publiquement, et en présence de la garnison et d'une population étonnée, la somme de 1,500 francs; cette distribution d'argent, et la publicité de la remise, ont paru assez importantes pour qu'un ordre du jour, inséré dans tous les journaux ministériels, les fît connaître à l'armée entière.

Cependant le rôle de Thiers, de Gérard, de Magnien, n'était pas fini; ils avaient par mille sermens mérité la confiance du colonel Caron; Gérard lui aurait offert l'armée entière; l'un et l'autre

avaient fait disparaître ses irrésolutions dans le bois situé entre Colmar et Brisack. Ils avaient fixé l'instant du mouvement; l'un avait
remis à Caron son uniforme, l'autre lui avait remis des armes. Ils
avaient crié *vive Caron !* à la hauteur de Hattstatt; ils l'avaient lié
peu après; ils venaient d'être récompensés en honneurs et en argent; il leur restait encore à paraître en justice pour déposer, sous
la foi du serment, sur une accusation capitale intentée contre ce
malheureux officier. Devant quelle juridiction l'accusation produirat-elle des témoins si précieux pour elle? Pour faire des accusés il
avait fallu violer les lois de la morale et de l'honneur; pour les faire
juger il fallut violer l'ordre des juridictions.

Le lieutenant-colonel Caron était, depuis 1815, rendu à la vie
civile. Il était donc soumis à la juridiction des cours d'assises, et
son droit était garanti par la Charte elle-même. Déjà les magistrats
civils se livraient à l'instruction de son affaire, lorsque M. le général,
commandant la division, écrit en ces termes à M. de Fossa, capitaine-rapporteur du 1er conseil de guerre de Strasbourg : « Monsieur
» le capitaine, en exécution des ordres du gouvernement, *qui consi-*
» *dère comme embaucheurs* les sieurs Caron et Roger, vous voudrez
» bien vous rendre de suite en poste à Colmar pour instruire sur-le-
» champ la procédure , conformément aux lois des 4 nivôse an IV
» et 13 brumaire an V. »

Ces ordres furent exécutés; et la cour de cassation ayant prononcé que c'était au conseil de guerre lui-même à examiner préalablement si les faits constituaient le crime *d'embauchage pour les*
*rebelles,* Caron et Roger furent transférés à Strasbourg. Déjà le 25
juin, sept jours avant l'événement de Colmar, le même général commandant la division, avait changé le président et le procureur du
roi du 1er conseil de guerre, devant lequel il ordonna plus tard la
traduction de Caron. Ce conseil ne permit presque pas de publicité
pour les débats de l'affaire qui lui était soumise (*a*).

(*a*) L'article 24 de la loi du 13 brumaire an V, est ainsi conçu : « Les

Caron fut condamné à mort comme coupable d'embauchage *pour les rebelles*; le conseil de révision confirma cette condamnation. Son exécution fut prompte : le jour même, où devant la cour de cassation un avocat se présentait au nom de cet officier supérieur, le *Moniteur* annonçait sa mort. Le télégraphe en avait déjà transmis la nouvelle (*a*).

séances du conseil de guerre seront publiques; mais le nombre des spectateurs ne pourra excéder le triple de celui des juges. » Le conseil de guerre étant composé de 7 juges, on aurait dû admettre 21 personnes; mais on trouva que cette loi accordait trop de publicité; on compta M. le procureur du roi de Colmar, quoiqu'il eût un mandat spécial du gouvernement pour assister aux débats, comme faisant partie du public; le nombre des spectateurs se trouva réduit à 20, parmi lesquels 10 officiers de la garnison qui ne quittèrent pas les séances.

Si M. de Châteaubriand a pu appeler la loi des élections qui a précédé celle aujourd'hui en vigueur, une *épouvantable* loi , quel nom faudra-t-il donner à cette loi sur les conseils de guerre, dont on paraît assez disposé aujourd'hui à invoquer la *protection ?*

(*a*) Parmi les nombreux moyens de nullité qui viciaient le jugement du conseil de guerre, et qui furent développés, le 30 septembre, par l'avocat du lieutenant-colonel Caron devant le conseil *de révision de la* 5ᵉ division militaire, il s'en trouvait un qui, fondé sur la loi, avait déjà motivé l'annullation de plusieurs jugemens, notamment, d'une sentence capitale prononcée par le premier conseil de guerre dans le courant du mois de juillet. Le conseil de révision n'eut aucun égard à la jurisprudence qu'il avait reconnue quelques jours auparavant; et après dix minutes de délibération, tous les moyens de nullité contre la sentence de mort qui atteignait Caron furent écartés.

Tous les membres de ce conseil de révision, hors un seul, avaient été changés depuis le procès.

Le pourvoi devant la cour de cassation était ouvert à Caron contre le jugement du conseil de guerre. Ce pourvoi n'a pas été formé par lui; une cause inconnue l'a privé de cette dernière voie de salut.

Le jugement du conseil de guerre qui condamnait Caron à mort était du 22 septembre. Le 23, la nouvelle en est arrivée à Paris dans la matinée. Le 25, un avocat à la cour de cassation, dont on ne saurait louer la conduite

( 24 )

Roger, acquitté du crime d'embauchage *pour les rebelles,* retom-
bait sous une accusation de conspiration. L'ordre des juridictions,

dans cette circonstance, écrit à M° Liechtenberger une lettre dans laquelle
il lui dit, qu'indépendamment du pourvoi devant le conseil de révision, le
lieutenant-colonel Caron avait le droit de se pourvoir devant la cour de cassation pour incompétence du conseil de guerre, attendu que les faits déclarés
constans par ce conseil, ne constituaient pas le *crime d'embauchage pour les
rebelles,* dont il est parlé dans la loi du 4 nivôse an IV, puisque ce tribunal
d'exception ne déclarait pas et ne pouvait pas déclarer qu'en juillet 1822 il y
eût en France un corps de rebelles organisé.

Par une fatalité qu'on ne saurait trop déplorer il paraîtrait que la lettre
de M° Isambert, portant pour adresse à *Monsieur Liechtenberger, avocat
de M. Caron,* et qui avait été jetée à la poste, n'a pas été remise avec exactitude.

Voici ce qu'on lit dans la réponse de M° Liechtenberger.

Strasbourg, 4 octobre 1822.

« Monsieur et très-honoré confrère, de retour d'une petite absence à laquelle des amis m'avaient engagé pour m'arracher au douloureux spectacle de
mardi dernier, je viens de rencontrer ensemble, sur mon bureau, vos deux
lettres des 25 et 28 septembre, que le facteur y a déposées *en même temps,*
avant-hier *deux* du courant. J'ai frémi après les avoir lues, de l'idée que la
première de ces lettres ait pu être retenue à la poste, etc.

Ce même jour 2 octobre, jour de la remise de la lettre du 25 septembre,
Caron avait été exécuté à 2 heures de l'après-midi. Cependant le zèle de
M° Isambert ne s'était pas borné à cette lettre.

Les 27 et 28 septembre, l'avocat se transporte au greffe de la cour de cassation, pour y obtenir le dépôt du pourvoi qu'il entendait former dans l'intérêt
de Caron. Sur le refus du greffier de le recevoir, parce qu'il aurait fallu que
ce pourvoi eût été formé par Caron lui-même à Strasbourg (et le conseil en
avait été donné par la lettre du 25), l'avocat s'adressa le 29 au président de
cette cour, qui lui accorda la parole pour la prochaine audience. D'un autre
coté, il adressait à M. le garde-des-sceaux deux requêtes, l'une à fin de trans-
mission des pièces au parquet du procureur-général, l'autre afin que le jugement

le droit sacré de la défense indiquaient la cour d'assises de Colmar. Cette ville avait été le théâtre des faits constitutifs de l'accusation. Là était une notoriété publique à laquelle le jury ne pouvait être étranger, et que la défense avait le droit d'invoquer; là aussi on était à portée de tous les documens et de tous les témoignages : ce qui était du plus grand intérêt pour un accusé sans fortune, qui n'a pas à sa disposition le trésor public pour faire voyager ses témoins. Ces raisons ne touchèrent point M. le procureur-général près la cour royale de Colmar, qui présenta requête à la cour de cassation pour faire déclarer le département du Haut-Rhin en état de suspicion légitime, et pour enlever à ce département la connaissance du procès de Roger. L'accusé a protesté en vain au nom de ses intérêts et de la vérité; il a été traduit devant la cour d'assises de Metz, pendant que ses témoins et que la notoriété publique étaient en Alsace (*a*).

du conseil de guerre fut dénoncé au nom du gouvernement, et d'office, pour incompétence et excès de pouvoir. Le 28 septembre, ces deux pièces étaient enregistrées à la chancellerie. Le 29 au matin, le ministre fit dire au défenseur qu'il ne pouvait recevoir les pièces. Sur l'invitation du messager, celui-ci demanda une audience au ministre. Cette audience fut accordée le 30 septembre et ajournée au vendredi 4 octobre; le 3 au matin, le *Moniteur* annonçait, d'après le télégraphe, que Caron avait été fusillé la veille. A l'ouverture de l'audience de la cour de cassation, Me Isambert exposa les faits ci-dessus, puis il ajouta : « Mais une nouvelle foudroyante, transmise comme les autres par le télégraphe, annonce que l'infortuné Caron a subi son jugement...... Nous aimons à croire que la nouvelle n'est point officielle, et nous demandons à la cour qu'elle veuille bien admettre le recours. Un murmure sourd, dans l'auditoire, dit le *Journal des Débats*, annonça que personne ne partageait l'espoir du défenseur.

L'audience que Son Exc. le ministre de la justice avait promise pour le lendemain 4 novembre, eut-elle lieu? c'est ce que j'ignore. Ces derniers faits se trouvent consignés dans une note de Mr Isambert lui-même, qui ajoute que, selon les apparences, l'ordre d'exécuter aurait été transmis par le télégraphe.

(*a*) Il faut convenir cependant qu'une raison rendait difficile le jugement

Ainsi, par le concours de toutes ces dérogations au droit commun, la vérité sur les événemens de Colmar, et sur leur véritable cause, aurait pu périr. La France ne devait connaître que les récompenses données à des sous-officiers *qui avaient noblement résisté à des tentatives d'embauchage, que quelques éloges donnés au bon esprit des Alsaciens, et que le supplice du lieutenant-colonel Caron, sur la déposition de Thiers et de Gérard, qu'il avait voulu embaucher pour le comité directeur.* Mais de toutes les parties de l'Alsace s'élevaient des cris d'indignation contre ce qu'elle avait vu aux 2 et 3 juillet. Les habitans de Colmar reprochaient à leur administration d'avoir troublé elle-même la tranquillité publique par un appareil militaire et par des mesures violentes : ils lui demandaient compte de cette responsabilité nouvelle qu'elle avait pris soin de créer elle-même ; dans toutes les communes environnantes on lui reprochait les cris provocateurs, et la marche de deux escadrons déserteurs dans un pays qu'on a fait déclarer plus tard en état de suspicion. Les habitans de Mulhouse dont le nom avait plusieurs fois été prononcé par les soldats, et sur lesquels on avait pris des informations à Battenheim, signèrent une pétition au nombre de 132, tous électeurs ou éligibles. Cette pétition, présentée seulement à la fin d'une session, ne devait être l'objet d'aucun rapport public. Je me crus dans la nécessité de la publier, avec une relation des faits qui l'avaient motivée ; j'ai répondu ainsi à l'attente de mes commettans autant qu'il a été en moi, et il n'a pas dépendu de mes efforts que la vérité ne fût bien connue.

Depuis cette publication, provocations et menaces dégoûtantes

de Roger par un jury alsacien. D'après nos lois, ce jury aurait dû être choisi par M. le préfet ; mais d'après les dépositions de Gérard, M. le préfet *avait été dans l'affaire,* jusqu'au moment où une indiscrétion de sa part fit perdre à ce magistrat la confiance des sous-officiers. Il a été même assigné comme témoin. Nos lois n'ont pas encore prévu cette situation administrative : un magistrat qui *avait été dans l'affaire* aurait-il jamais pu se résoudre à choisir les jurés?

de la part de quelques militaires que j'avais dû désigner comme les instrumens d'une odieuse intrigue; diffamations quotidiennes de la part de la préfecture du Haut-Rhin; procédés insultans de la part du ministère public, en attendant qu'il plaise à M. Jacquinot de Pampelune de me faire savoir qu'il me donne audience devant un tribunal dont le journal officiel de Colmar a cru pouvoir prédire le jugement : rien n'a été épargné. Toutefois, il n'est pas au pouvoir de mes adversaires de me faire repentir d'avoir rempli un devoir : il est des circonstances où l'homme de bien doit préférer la persécution à certains éloges et à certaines récompenses.

Si le ministère public répétait encore une fois, qu'accuser des administrateurs, un préfet, un général, d'avoir troublé eux-mêmes la principale ville de leur département par des violences, des détentions arbitraires, et par un appareil militaire dont on n'avait pas eu d'exemple depuis l'invasion;

Que les accuser d'avoir précipité des soldats dans les manœuvres les plus indignes de leur profession, et de les avoir instruits aux faux sermens pour leur donner ensuite des éloges immoraux;

Que les accuser surtout d'avoir fait simuler par deux escadrons entiers le crime de désertion à main armée, et de leur avoir ordonné de faire entendre un cri de ralliement, au milieu d'un pays et en présence d'une population qu'ils réputaient en état de suspicion légitime,

C'est porter atteinte à l'honneur de ces administrateurs : je répondrai, que j'ai dit ce qui est vrai. La vérité et mon pays, dont les intérêts sont les mêmes, avaient plus de droit sur moi qu'une administration qui ne pouvait rester honorable que par le secours du mensonge.

J'avais vu jusqu'alors dans mon pays de grands scandales, sans les dire; mais après les événemens des 2 et 3 juillet, je ne pouvais plus, sans lâcheté, garder le silence sur des machinations et sur un attentat qui avaient compromis violemment la tranquillité, l'honneur et l'existence de mes concitoyens. La morale publique et l'humanité, outragées par ceux-là même qui nous devaient protection ; des éloges pompeux qu'on aurait à peine donnés à des citoyens qui auraient préservé léur patrie du plus imminent péril, prodigués aux plus misérables intrigues ; des récompenses surprises au gouvernement et distribuées publiquement, comme une prime offerte à tous les machinateurs qui voudraient troubler le repos de l'Alsace, et présenter à la France entière ce pays comme un foyer de conspirations ; nos craintes pour l'avenir : tout me faisait un devoir rigoureux de publier la relation que l'on a dénoncée aux tribunaux. Pour garantir mes concitoyens des dangers dont ils me semblaient menacés par les engagemens que quelques-uns de leurs administrateurs venaient de prendre, je me suis présenté à des dangers personnels, par la manifestation de la vérité. Je le devais comme habitant de l'Alsace, et comme député du département du Haut-Rhin.

Si le ministère public prétendait que j'ai dit la vérité dans de mauvaises intentions, et s'il répétait cette diffamation accueillie par le *Moniteur,* que je n'ai dénoncé les autorités de Colmar que parce que la désertion des escadrons n'était pas réelle, je répondrais à ce fonctionnaire, indépendant sans doute par son caractère, mais non par sa position, que je n'ai agi que d'après les inspirations de ma conscience. Et si dans un ministère qui se dit le vengeur des lois et de la morale publique, il excusait le parjure par l'intention et les provocations dont mon pays a été frappé, par le besoin d'accumuler plus de preuves contre un prévenu destiné à la juridiction militaire ; lorsque surtout il ne verra de provocation coupable que dans mon écrit, je désire qu'il éprouve, ainsi que je l'ai éprouvé moi-même, ce sentiment profond du devoir qui fait mépriser de vains ménagemens, et nous fait faire abnégation de tout intérêt personnel. Du reste, quelles que soient les pensées de l'accusation, la morale publique ne rétrogradera pas plus devant des réquisitoires que devant des instructions administratives ; et l'Alsace, dont les habitudes sont graves et religieuses, se rappellera long-temps, avec un sentiment arrêté, les événemens des 2 et 3 juillet.

# PIÈCES JUSTIFICATIVES.

## PÉTITION

*Adressée à la Chambre des Députés, par cent trente-deux Alsaciens.*

Messieurs,

Un fait qui suffirait seul pour caractériser une époque, vient de porter le désordre et le trouble dans le département du Haut-Rhin. Résultat d'odieuses machinations que l'autorité supérieure a vues se former, qu'elle a encouragées et qu'elle a laissées se développer librement, ce fait était évidemment dirigé contre les habitans du département, qu'on a provoqués à des crimes que plus tard sans doute on n'eût réprimés qu'à regret. Lorsque les plus déplorables ambitions se déchaînent sur un pays; lorsque les autorités locales, méconnaissant leur destination, se plaisent à créer capricieusement le désordre et le danger, et se permettent sur une population entière des épreuves que l'honneur et l'humanité réprouvent, il est du devoir des amis de l'ordre d'appeler l'attention du gouvernement sur des abus si propres à troubler la tranquillité publique, et à briser les liens qui unissent les administrateurs et les administrés.

D'après ce qui a été publié par les autorités même du Haut-Rhin, il paraît vrai que depuis long-temps les commandans militaires étaient instruits que des rapports s'étaient formés entre les sous-officiers de deux régimens de cavalerie (l'un, des chasseurs de l'Allier, en garnison à Colmar; l'autre, des chasseurs de la Charente, en garnison à Neuf-Brisack), et le sieur Caron, lieutenant-colonel des dragons en retraite. Qui a fait naître ces rapports? qui les a recherchés? qui a fait les premières démarches? C'est ce qu'on ne peut savoir encore. Il est certain seulement que les autorités supérieures, civiles et militaires, ont connu ces rapports; qu'elles les ont encouragés, et que la force armée a suivi passivement la direction qu'on a voulu lui donner dans les faits que nous avons à signaler.

Le 2 juillet, à 5 heures du soir, un grand mouvement se communique des autorités de Colmar à tous les habitans de cette ville, où la plus grande inquiétude règne bientôt partout; ses principaux fonctionnaires la parcourent dans tous les sens; les portes extérieures sont fermées, et personne ne peut d'abord se rendre de la cité au faubourg de Rouffach; le préfet lui-même, se présentant à tous les postes, escorté par la gendarmerie, vient s'assurer de l'état de la place; le général commandant le département, avec des militaires armés, fait le tour des remparts; des patrouilles, le sac sur le dos, se répandent dans les rues, et au dehors dans la campagne. Pendant ce temps, plusieurs citoyens sont arbitrairement privés de leur liberté; leur domicile est violé, et, sans ordre légal, des factionnaires se placent à leurs portes pour empêcher toute sortie.

Dans la soirée, le bruit fut répandu que la cause de ce mouvement extraornaire et de ces mesures violentes, était la désertion d'un escadron du régiment des chasseurs de l'Allier, escadron dont l'officier en retraite, Caron, avait pris le commandement sur la route de Colmar à Rouffach; cette désertion frappa chacun d'étonnement. Le lendemain tout fut éclairci.

On eut la certitude que la désertion de l'escadron des chasseurs de l'Allier, auquel s'était joint plus tard un escadron des chasseurs de la Charente, déserté de Brisack, était le résultat de manœuvres que l'autorité avait connues, et dont il sera facile d'indiquer le but et le caractère. On apprit que tout ce qui s'était fait à Colmar dans la soirée du 2, était destiné à faire croire à la sincérité de cette désertion, et que les autorités supérieures la connaissaient d'avance, et savaient bien qu'elle n'était que simulée; que dans chacun des deux escadrons se trouvaient même plusieurs officiers déguisés en simples chasseurs. Mais ce qu'on apprit avec non moins d'étonnement, c'est la conduite des troupes après leur apparente désertion. L'escadron parti de Colmar avait rencontré, à peu de distance de la ville, le lieutenant-colonel Caron; et un sous-officier qui était à sa tête, lui offrit le commandement aux cris de *vive l'empereur! vive Napoléon II!* Avant la jonction de l'escadron de Brisack, comme après cette jonction, dans toutes les communes (au nombre de cinq ou six) traversées par cette troupe, elle fit entendre les mêmes cris; elle proféra même dans une commune le cri : *A bas les Bourbons!* Dans deux communes, des chasseurs avaient eux-mêmes fait des tentatives pour sonner le tocsin, apparemment dans l'espoir de trouver un grand nombre de coupables. Indépendamment de ces provocations qui s'adressaient à la masse des habitans, il y eut d'autres provocations dirigées individuellement contre des citoyens que la troupe cherchait à entraîner. —

Par exemple, dans une commune, les chasseurs demandèrent à un propriétaire, ancien militaire, *comment on pensait dans le pays,* combien il y aurait dans le village de monde capable de prendre les armes, comment on pourrait les déterminer à s'armer et à arborer la cocarde tricolore; ils finirent par lui proposer de boire à la santé de Napoléon II. Ce citoyen, signalé sans doute le lendemain par les officiers déguisés en chasseurs, a été arrêté avec un grand appareil militaire, conduit à Colmar, mais remis en liberté après un jour de détention.

Dans une autre commune, six chasseurs formant l'avant-garde, parmi lesquels se trouvait sans doute un officier déguisé, s'adressent au maire pour faire le logement des deux escadrons.

Sur l'observation que fait ce fonctionnaire, qu'il ne délivrera de billets de logement que sur le vu d'un ordre de route, l'un des chasseurs lui crie : « Nous ne sommes plus les soldats du Roi, nous sommes des soldats de Napo- » léon II, en ajoutant : « Que dites-vous de cela, monsieur le Maire....? » C'est dans la maison de ce même maire que le lieutenant-colonel Caron, arrivé quelque temps après avec les deux escadrons, fut arrêté au milieu de la nuit avec un autre individu qui était à ses côtés, et c'est aussi dans cette maison que les chasseurs laissèrent dans une chambre, à l'insu du propriétaire, un sac de cavalier renfermant 27 paquets de cartouches.

Enfin le lendemain 3, après avoir parcouru une étendue de pays de 13 à 14 lieues, les deux escadrons, sous la conduite des officiers qui conservaient toujours leur uniforme de simples chasseurs, rentrèrent à Colmar, cette fois au cri de *vive le roi!* A leur suite, ils avaient leurs prisonniers garrottés sur une voiture. M. le comte de Puymaigre, préfet du département, a fait connaître immédiatement après, par une proclamation, qu'il était content, dans cette circonstance, du bon esprit des Alsaciens, en leur annonçant que deux traîtres, deux insensés, étrangers à l'Alsace, avaient tenté de corrompre la fidélité des troupes.

Tels sont les événemens qui, pendant les journées des 2 et 3 juillet, ont

étonné l'Alsace et fait naître les plus tristes pensées dans l'esprit des bons
citoyens. Mais si tout le département du Haut-Rhin est en droit de dénoncer
ces événemens, il est une ville qui doit prendre ici l'initiative, parce qu'il est
démontré par une foule de circonstances, que c'est particulièrement contre
elle qu'étaient dirigées les provocations dont on vient de donner le détail. Il
paraît en effet que la ville de Mulhausen a dû jouer le principal rôle dans cette
odieuse combinaison, et que si les provocateurs ne sont pas venus jusque dans
ses murs, il faut en attribuer la cause à une circonstance fortuite. Dans plusieurs communes, les chasseurs se sont informés, dès leur apparition, s'il n'y
avait pas dans ces communes des citoyens de Mulhausen. Dans une autre
commune, quelques-uns de ces militaires ont parcouru les auberges pour découvrir de prétendus émissaires de Mulhausen. Après le départ des chasseurs
du dernier village où ils étaient, pour retourner à Colmar, un envoyé de la
police de Mulhausen s'est transporté dans ce village pour prendre également
des informations sur les citoyens de Mulhausen qui se seraient fait voir dans
ce village, soit avant soit après la capture de Caron; mêmes informations
prises par le sous-préfet, le procureur du roi et le lieutenant de gendarmerie
de l'arrondissement.

Après les nombreux faits que nous venons de citer, nous ne craignons pas
de déclarer que les autorités supérieures de notre département sont coupables, parce qu'elles étaient instruites d'avance de tout ce qui s'est passé, et
qu'affectant néanmoins des apparences d'effroi, au moment d'une désertion
qu'elles avaient approuvée, elles ont porté le désordre et l'inquiétude partout.
Est-il de la dignité de ces autorités de prêter leur caractère public à des com-
binaisons d'une nature si odieuse? leur appartient-il de se jouer ainsi de la
tranquillité de toute une contrée, d'effrayer toutes les familles, lorsque le
pays les nourrit et les entretient à grands frais pour obtenir d'elles sécurité
et protection?

Les autorités supérieures de ce département sont coupables pour avoir
souffert qu'une partie de l'armée française se soit précipitée dans une carrière
inconnue, jusqu'à nos jours, à nos fastes militaires. Jusqu'à présent on n'a-
vait vu que les agens obscurs d'une police égarée par sa bassesse, les Chignard
et les Vauversain, se permettre sourdement d'infâmes provocations contre
des hommes dont ils savaient aigrir le mécontentement; accueillir de coupables espérances, les encourager, et faire éclore enfin avec soin le crime lé-

gal, pour livrer ensuite eux-mêmes leur criminel à l'échafaud. Mais que les autorités supérieures de ce département aient voulu qu'un corps militaire se jetât dans cette voie, voilà ce dont s'indigneront à jamais les souvenirs de Fontenoy et d'Austerlitz! Quel père de famille ne frémira pas à l'idée des rôles divers qu'on pourrait faire jouer à son fils, qu'il a placé, malgré lui peut-être, sous les drapeaux! N'aura-t-il donc aucun compte à demander des services qu'on exige d'un fils que la conscription lui a enlevé? Tous les services sont-ils propres au caractère du soldat? L'honneur de l'armée est d'ailleurs une propriété nationale à laquelle il n'est pas permis de porter atteinte : cet honneur est une garantie des libertés publiques, contre lesquelles des forces aveugles et démoralisées seront toujours le plus terrible instrument du pouvoir.

Or, nous le disons avec conviction, en aucun temps on n'a vu d'entreprise plus dangereuse contre la noble loyauté qui convient à des soldats, que les manœuvres de l'autorité dans ces dernières circonstances.

Les autorités supérieures de ce département sont encore coupables, pour avoir souffert que hautement la provocation au crime se soit proférée dans nos campagnes. Qu'on suppose un moment qu'à l'aspect de deux escadrons entiers, faisant entendre les cris de *vive Napoléon II! vive l'empereur!* quelque laboureur, un ancien soldat, aigri peut-être par des vexations de chaque jour, se fût laissé entraîner par ces cris et par les souvenirs qu'ils auraient réveillés en lui; et qu'abandonnant ses travaux, il eût saisi ses vieilles armes pour se réunir aux *conspirateurs*. Il eût fallu sans doute déployer contre lui toute la sévérité des lois ; mais l'autorité n'aurait-elle rien à se reprocher ! et le sang versé n'aurait-il pas crié contre des provocations auxquelles s'attachera toujours un caractère de honte et d'inhumanité. Et combien ces conséquences deviennent plus graves encore, si, en supposant que les provocateurs, après avoir réussi à entraîner quelques malheureux paysans, eussent poussé jusqu'à Mulhausen, ville manufacturière où se réunissent quelques mille ouvriers; les uns anciens militaires, les autres étrangers d'origine, et n'offrant la plupart aucune garantie de leurs actions; dans une ville qui supporte avec calme et dignité toutes les amertumes dont on l'abreuve depuis plusieurs années; une ville qui ne cesse d'être l'objet des plus viles calomnies, des détractions les plus odieuses, et de vexations journalières de la part d'agens subalternes. Le devoir des autorités est d'adoucir les mécontenttemens, de ne point les aigrir par trop de défiance, et l'humanité exige qu'on écarte de celui qui obéit aux lois, quelle que soit sa pensée, tout ce qui pourrait le porter à les violer. Nos premiers fonctionnaires n'ont-ils pas méconnu ces vérités ?

Il faut espérer que l'Alsace n'aura pas à déplorer les résultats que nous venons de supposer; elle est restée calme en présence des provocateurs, dédaignant leurs cris, quoiqu'elle ne fût pas dans leur secret; elle a mérité sans doute les éloges de l'administration : mais l'administration a-t-elle mérité les éloges de l'Alsace? Ceux qui ont autorisé les faits que nous avons signalés, doivent nécessairement répondre, sinon de leurs espérances, du moins d'une imprudence qui pourrait avoir de si tristes effets pour l'humanité.

Les citoyens soussignés, persuadés que les faits qu'ils viennent de dénoncer méritent toute l'attention du gouvernement, sollicitent expressément la chambre des députés de demander qu'une enquête solennelle soit faite sur les événemens des 2 et 3 juillet, et sur la conduite des autorités supérieures qui les ont autorisés.

Ils sont avec un profond respect,

*(Suivent les cent trente-deux signatures.)*

Tous les signataires sont électeurs ou éligibles. Le ministère public, pour écarter leur témoignage, a fait entendre qu'il supposait que ces signataires étaient des petits marchands qu'on avait pu influencer, et qui probablement ne comprenaient pas le français..... Pauvres contribuables, comme vous traitent ces messieurs de Paris !

# NOTIONS

Sur les Événemens des 2 et 3 Juillet, prises dans des pièces officielles, dans les débats du procès de Caron, et dans les attestations délivrées par des notables habitans du Haut-Rhin.

(Les assertions du ministère public, et les pièces qu'il invoque, seront sur la colonne à gauche; les pièces sur lesquelles est fondée ma relation se trouveront en regard.)

---

§ I<sup>er</sup>.—*Rapports du lieutenant-colonel Caron avec les sous-officiers.*

I<sup>re</sup> Question.—Est-ce Caron qui a recherché Delzaive pour en faire un instrument de complot? Est-ce Delzaive qui a au contraire recherché Caron pour le livrer à l'autorité?

*Assertions du ministère public.*

Discours de M. Bayeux, *Moniteur* du 8 janvier.

« Les trop fréquentes visites de Delzaive chez Roger déplurent à son colonel, qui le renvoya dans un régiment du bataillon, à Brisack : Roger fut l'y voir, le conduisit dans une auberge, le fit boire, et, après lui avoir échauffé la tête, il le plaignit de son peu d'avancement, des vexations que les officiers lui faisaient éprouver ; lui dit que les choses pouvaient

*Déclaration de Roger devant le conseil de guerre de Strasbourg, audience du*

R. Dans le mois de février ou de mars dernier (je ne me rappelle pas), M. de Ferrière, lieutenant, et M. Mercier, sous-lieutenant à ce régiment, qui prenaient des leçons d'équitation à mon manége, me parlèrent d'un sergent de leur corps, nommé Delzaive, qui avait travaillé pendant 8 ans chez Franconi, et qui désirait faire assaut avec moi, et qu'eux souhaitaient aussi de le voir travailler, et même prendre de lui des leçons de voltige. Environ huit jours après, *il me fut présenté par*

changer; finit par lui proposer une entrevue avec le colonel Caron, qui devait lui procurer un grade avancé.

» Delzaive consentit. Roger le conduisit dans un bois entre Colmar et Brisack : Caron s'y trouva.

» Caron lui donna 25 francs, lui prodigua les promesses, et s'efforça de le faire entrer dans un complot, dont l'objet était en *apparence* de délivrer les prisonniers de Béfort.» (*Cette première assertion est fondée sur le dire de Delzaive.*)

*les deux officiers, mais il ne fit rien.* Pendant près de cinq mois, il a fréquenté mon manége; presque toujours à l'heure de la leçon des officiers, venant quelquefois deux jours de suite, d'autres fois passant quatre ou cinq jours sans venir; jamais il n'a travaillé dans cet intervalle, et lorsque je le lui proposais, il trouvait toujours un motif pour s'en dispenser. Il y avait bien quinze jours qu'il venait chez moi, lorsqu'il commença à se plaindre de son sort. Il avait, disait-il, 10 à 12 ans de service, n'était que sergent et n'avait aucun espoir d'être fait officier, qu'il n'y avait de places que pour des... (je n'ose dire le mot), à qui je donnais des leçons; qu'on n'avait point d'égards pour les anciens militaires; qu'ils étaient mal habillés, ce qu'il disait en me montrant sa capote et son habit tout déchirés. Une fois il me dit que je devrais être aussi mécontent, puisque j'avais perdu ma place. Une autre fois il me demanda si je ne pouvais pas le prendre chez moi pour m'aider dans mon travail, lorsqu'il recevrait son congé à la fin de l'année, et je lui répondis que je ne saurais prendre personne, parce que mon manége me donnait tout juste de quoi vivre. *Bien des fois il m'avait témoigné le désir de voir le colonel Caron,* qui avait son cheval en pension chez moi, qui était, disait-il, un si brave homme, dont tout le monde disait du bien. Il me demanda à quelle heure il pourrait le voir, soit dans mon manége, soit dans mon écurie, et je lui dis que je n'en savais rien, attendu que le colonel n'avait pas d'heure fixe. *Un jour, M. Caron étant entré au manége pendant la leçon des officiers, pour savoir à quelle heure je pourrais monter son cheval, Delzaive me demanda si c'était bien là le brave colonel Caron dont on parlait tant.* Un jour il me fit dire qu'il était à la salle de police, et qu'il me priait en grâce d'aller le voir, parce qu'il avait quelque chose à me dire; mais je n'y fus pas. Au bout d'une quinzaine de jours, il m'écrivit une lettre d'excuses de Neuf-Brisack, de ce qu'il était parti sans me faire ses adieux; il m'annonçait qu'il avait été puni et renvoyé de la garnison de Colmar, pour y avoir fréquenté des bourgeois; il me priait de le voir, si j'allais à Brisack, et me promettait de me visiter, s'il allait à Colmar.

*D.* Le 27 mai, ne fûtes-vous pas envoyé à Brisack par le lieutenant-colonel Caron, pour y voir de sa part Delzaive?

*R.* Non. Vers cette époque, je fus à Brisack pour y conduire dans ma voiture le général Marcogner, qui allait faire ses adieux à ses connaissances avant son départ pour Paris. Nous descendîmes à l'auberge de la Montagne-Noire, où le général me donna rendez-vous à 3 heures précises pour repartir, et j'y laissai ma voiture. J'avais quelques affaires chez le notaire Nachbauer : en revenant j'entrai dans l'auberge du Panier-Fleuri pour y prendre quelque chose, et je m'assis à une table où se trouvaient déjà le perruquier Sourisseau de Colmar et le sommelier du brasseur Meyer. Au moment où je me préparais à sortir, vu que l'heure du départ s'approchait, étant au milieu de la salle, je vis entrer le sergent Delzaive qui me sauta au cou, en me disant : Mon cher Roger, je suis enchanté de vous rencontrer, *il faut absolument que je voie M. Caron.* Je vous prie de lui demander si, tel jour, il ne peut pas se trouver entre 4 et 5 heures de l'après-midi dans la forêt, en sortant du côté de Colmar, près d'une croix à gauche : j'ai quelque chose de très-intéressant à lui communiquer.

*Interrogatoire du lieutenant-colonel Caron, pag. 56 de la relation de son procès.*

D. Aviez-vous connu auparavant le sergent Delzaive ? *R.* Non.—*D.* A votre première entrevue n'excitâtes-vous pas son mécontentement de ce qu'il n'était pas encore officier ? *R.* A mon arrivée je demandai à Delzaive *pourquoi, depuis plusieurs mois, il n'avait cessé de solliciter Roger de lui procurer une entrevue avec moi.* Il me répondit par cette question : *connaissez-vous le colonel Pailhez ?* Sur ma réponse qu'il était mon intime ami, il me dit : *Il faut le sauver !* Je lui demandai quels moyens étaient à sa disposition : *il me dit qu'il pouvait disposer des deux compagnies d'élite du bataillon, etc.*

*Témoignages sur les assertions contraires du ministère public, et des accusés Caron et Roger.*

(*Voyez la Relation du procès du lieutenant-colonel Caron.*)

M. Mercier de Boissy, sous-lieutenant au 46ᵉ de ligne. *D.* Vous preniez des leçons d'équitation chez Roger; le sergent Delzaive n'est-il pas souvent venu au manége pendant que vous y étiez ? n'est-ce pas vous qui l'y avez présenté ? *R.* Je n'ai pas présenté Delzaive; voulant savoir si M. Roger m'instruisait bien, *j'engageai le sergent Delzaive, ancien écuyer, à venir au manége.*—*D.* N'avez-vous pas dit à Roger que vous aviez dans le bataillon un sergent, ancien élève de Franconi, que vous lui présenteriez pour faire assaut avec lui? *R. Je peux en avoir parlé,* mais je n'ai pas présenté Delzaive.

Dublar, ex-officier, l'un des condamnés dans l'affaire de Béfort.

Il dépose que «pendant qu'il était dans les prisons de Colmar, causant un »jour avec Delzaive, celui-ci lui dit qu'il n'y avait plus de plaisir à servir. »*Un autre jour, il demanda au témoin s'il ne connaissait pas le colonel Ca-*»*ron, qu'il voudrait le connaître aussi. Delzaive demanda une lettre pour*

» *M. Caron.* Le colonel étant venu quelque temps après à la prison, le témoin
» lui déclara que le témoin Delzaive lui avait demandé une lettre pour lui.
» Le colonel répondit : *Je ne sais ce que me veut cet homme, mais on m'a*
» *dit qu'il est venu chez moi pendant que je ne m'y trouvais pas.* »

Roussillon, officier en demi-solde, à Béfort.

Dépose qu'un jour les prévenus dans l'affaire de Béfort ont fait une souscrip-
tion entre eux, laquelle a produit 20 francs, qu'on a remis au sergent Delzaive,
pour s'acheter un pantalon ; le témoin était du nombre des souscripteurs.

De Grometty, lieutenant au 8ᵉ de ligne.

Il était détenu dans les prisons de Colmar, comme se trouvant compromis
dans l'affaire de Béfort. Il a entendu dire un jour à M. Dublar *qu'un sergent*
*du 46ᵉ lui avait demandé une lettre pour le colonel Caron.* Le témoin a aussi
contribué à la collecte de 20 francs pour le sergent Delzaive. C'était dix à
quinze jours avant le départ de Delzaive pour Brisack.... Dans l'intervalle
de la remise de ces 20 francs et du départ de Delzaive, ajoute le témoin, *il*
*vint me proposer de me faire sauver,* ce que je refusai.

Les sieurs Jean-Baptiste Eggerté, Joseph Eggerté, Adam Eggerté, Victor
Eggerté, voisins du manége de Roger, déposent qu'ils ont vu Delzaive entrer
au manége quand M. Mercier de Boissy prenait ses leçons.

M. Petin, architecte des bâtimens communaux à Colmar, élève de Roger,
fait la même déposition que les précédens témoins.

Hartmann, tailleur à Colmar, demeurant à côté de la porte d'entrée du
manége, dépose qu'un sergent d'infanterie, qu'il reconnaît être Delzaive, est
venu souvent à sa fenêtre demander après Roger ; *une fois il demanda aussi*
*après le colonel Caron.*

La veuve Kauffmann, cabaretière à Colmar. « Sur la demande que lui adresse l'accusé Roger, si le sergent Delzaive n'est pas venu, au mois de juin, demander après lui, le témoin dépose qu'un jour, sans se rappeler l'époque, un
sergent d'infanterie est venu de Brisack, demander chez elle après M. Roger ;
elle lui indiqua son logement, et il promit un pour boire si elle voulait le
faire chercher, mais sans dire à Roger que c'était lui Delzaive qui le deman-
dait. Roger n'arrivant pas, le sergent alla enfin lui-même à son logement, et
de là au manége, sans être plus heureux ; il revint au cabaret du témoin,
se montra fort soucieux, et après avoir pris un verre de bière, il repartit.

» M. Roger étant arrivé plus tard pour savoir qui l'avait cherché, le témoin
lui dit que c'était un militaire bien impatient de le voir. Roger, loin de
montrer du regret, eut de l'humeur, et dit même au témoin : *Que le diable em-*

*porte ce sergent; s'il revient une autre fois, qu'on ne me fasse plus chercher.* »

Le sergent Delzaive, rappelé par M. le président, *déclare qu'il a en effet été au cabaret du témoin pour fixer, de concert avec Roger, un rendez-vous avec le colonel Caron.*

II<sup>e</sup> Question.—Caron a-t-il recherché ou embauché les sous-officiers Thiers, Gérard, Magnien, qui ont été plus tard récompensés du grade d'officier, et d'une somme d'argent de 1,500 francs?

*Assertions du ministère public.*

« Des sous-officiers de cavalerie *furent indiqués* à Delzaive, l'un dans un régiment en garnison à Colmar, l'autre dans un régiment en garnison à Neuf-Brisack : il les présenta à Caron.

» Ils eurent des rendez-vous fréquens avec lui dans les forêts qui environnent Colmar. Là, Caron leur faisait porter à manger ; là, il leur donnait de l'argent; là, il leur dévoilait ses projets et ses espérances; là, enfin, le plan de campagne fut arrêté, et le jour de l'exécution fixé au 2 juillet suivant. »

*Dire des témoins.*

Delzaive. Ce témoin déclare qu'après la première entrevue avec Caron, il rendit compte à ses chefs de la *proposition* que celui-ci lui aurait faite, et il reçut *pour instruction de lui présenter d'autres sous-officiers qui seraient désignés à cet effet.*

Il eut avec Caron encore plusieurs rendez-vous, auxquels il lui présenta successivement le maréchal-des-logis *Gérard* et le *sergent Magnien.* (*Page* 63 *de la relation du procès du lieutenant-colonel Caron.*)

Gérard. ( *p.* 74 *de la relation du procès du lieutenant-colonel Caron.*)

*D.* Par qui avez-vous été présenté à Caron?

*Gérard.* Par Delzaive, avec qui je suis allé au premier rendez-vous.

*D.* Expliquez la conversation qui eut lieu à un rendez-vous entre Roger et Delzaive au sujet de M. le préfet?

*R.* Je sais seulement que M. le préfet, ayant sans doute eu connaissance de ce qui se passait avec Caron et Roger, a fait des reproches à ce dernier

( 41 )

et lui conseilla de rester tranquille.
Aussi depuis lors M. le préfet *n'était
plus dans l'affaire.*

*D.* N'est-ce pas vous qui avez pro-
posé à Caron, de *votre propre mouvement, 6 sous-officiers et 80 chasseurs?*

*R.* Oui. C'est moi qui ai fait cette
offre; *je lui aurais offert encore bien
plus; je lui aurais promis la ville de
Colmar, la forteresse de Brisack, l'armée entière; car j'avais pour instruction de tomber dans son sens.*

*D.* N'avez-vous pas dit une autre
fois que vous sabreriez la garde de la
prison de Colmar, si elle faisait mine
de résister?

*R.* C'est, je crois, Caron qui dit qu'il
fallait, dans ce cas sabrer la garde. (M.
le président dit, à cette occasion, au
témoin : *Votre rôle est fixé,* vous pouvez maintenant tout dire.

*D.* Lorsqu'il s'est agi de fixer le jour
de l'exécution, l'accusé Caron n'a-t-il
pas insisté pour une remise de 8 jours?

*R.* Oui, je le reconnais, *et c'est moi
qui répondis que cela ne se pouvait pas*
(page 76).

*D.* Dans l'entrevue qui eut lieu après
celle de Markolsheim, ne parlâtes-vous
pas à l'accusé Caron de 16 sous-officiers, qui étaient des vôtres; *qu'une
indiscrétion était à craindre et qu'il
fallait agir?*

*R.* Oui. *Je promettais toujours tout.*
(Plus haut il dit qu'il a *offert.*) .

6

IIIᵉ Question.—Caron a-t-il voulu abandonner le projet de délivrer les détenus de l'affaire de Béfort? Qui a insisté, de Caron ou des sous-officiers? qui a fixé le jour de l'exécution?

*Rapports et aveux des sous-officiers et du colonel de Chabanes.*

### Rapport de Thiers à son capitaine.

Colmar, 1ᵉʳ juillet 1822. *(Page 31 de la relation du procès du lieutenant-colonel Caron.)*

« D'après ce que je vous annonçais dans mon premier rapport, j'avais un rendez-vous avec le colonel Caron à la forêt entre Brisack et Colmar, à sept heures et demie du matin. Je m'y rendis avec le sergent Magnien, le maréchal-des-logis Zerlaut, et le maréchal-des-logis Robin; ces deux derniers ayant été choisis par M. le colonel, pour m'assister dans l'arrestation du nommé Caron. Ils se portèrent en conséquence dans un taillis voisin du lieu du rendez-vous, attendant le signal convenu pour leur introduction auprès de Caron, ayant reçu des instructions de mon colonel par la voie de Zerlaut. *Il me fut enjoint de n'opérer l'arrestation qu'au cas que ledit Caron n'exécutât par sa promesse de donner de l'argent, ou*

### Page 58 de la relation du procès du lieutenant-colonel Caron.

M. le président à Caron :

*D.* N'avez-vous pas eu encore d'autres rendez-vous ?

*R.* Oui, j'en ai eu encore plusieurs, entre autres, celui où le maréchal-des-logis Thiers me fut présenté par Gérard. Je dois dire que ce sont eux qui poussaient le plus à l'affaire. *J'avais même abandonné mon projet, quand ils vinrent me presser, en se plaignant amèrement de mes continuelles remises. Au dernier rendez-vous qui eut lieu dans la forêt, Gérard et Thiers, après avoir employé les sollicitations et les menaces même,* exigèrent de moi ma parole d'honneur que je persisterais dans mon entreprise. J'ai su depuis qu'ils avaient posté, derrière des arbres, deux autres maréchaux-de-logis, afin de m'arrêter dans le cas où je résisterais à me rendre à leurs sollicitations.

*qu'il parût éloigner le jour de l'exécution.* Mais comme il ne remit point d'argent, et comme il parut néanmoins toujours décidé à mardi pour le départ de mon escadron, je crus bien faire de me contenter d'essayer seulement de lui présenter Zerlaut et Robin, comme dés affidés.

» Il fut convenu, comme dans mon premier rapport, que Gérard sortirait de Brisack avec un escadron, à cinq heures et demie du soir, que moi je partirais de Colmar à cinq heures, et me dirigerais sur la route de Rouffach, jusqu'à la montée, où je trouverais le colonel Caron, qui m'y attendait. Il fut convenu en outre que le sergent Magnien serait chargé de prendre l'habit du colonel, et de le porter jusqu'à cette montée, pour le lui donner, afin de s'en revêtir et paraître devant la troupe en uniforme. *Comme je cherchais à le tranquilliser du côté de l'argent, je lui annonçais de ne point arrêter notre projet pour si peu de chose; que Gérard et moi nous avions quelques petits fonds vers nous, et qui, joints à ce qu'il pourrait se procurer, nous suffi-*

*raient pour attendre.* Or, d'après ce qu'il nous jura de nouveau, un millier de louis devait être mis à sa disposition. *Nous parvînmes à le convaincre. Il nous prêta,* de nouveau, *serment; en exigea de nous, que nous lui fîmes.* » (Page 32 de la *Relation du procès du lieutenant-colonel Caron.*)

54ᵐᵉ *témoin.* Le marquis de Chabannes de La Palice, colonel des chasseurs de l'Allier.

*D.* Est-ce avec votre consentement que Thiers a agi?

*R.* Oui, après avoir pris les ordres du général Rambourg.

Thiers. *D.* L'accusé Caron n'avait-il pas renoncé au projet, et ne l'avez-vous pas pressé d'agir, en lui demandant sa parole d'honneur qu'il persisterait?

*R.* Le colonel Caron n'avait jamais renoncé, *mais il préparait des remises.* La veille du 2 juillet, le général Rambourg nous ordonna, à Gérard et à moi, d'arrêter Caron à un rendez-vous qu'il nous avait donné à la forêt; *mais l'arrestation ne devait pas se faire, si le colonel Caron se montrait décidé à agir,* et s'il confirmait l'espoir qu'on rencontrerait ses affidés.

66ᵉ *témoin.* Gros, cafétier à Colmar. Dépose que prenant un jour une tasse de café avec Thiers, celui-ci lui raconta que le colonel Caron ne voulait jamais se décider; qu'à un rendez-vous de la forêt, *lui Thiers mit un jour au*

*Deux autres sous-officiers étaient
postés derrière des arbres, afin
d'accourir au signal qui aurait
été donné pour arrêter le colonel.*
(Page 84.)

*D.* Combien avez-vous reçu
d'argent de l'accusé Caron?

*R.* J'en ai reçu deux fois ; une
fois 5o fr., et une fois 100 fr.
Le colonel Caron parlait de fonds
considérables ; mais un jour il
vint dire à un rendez-vous qu'il
n'avait pas encore l'argent, parce que ses affidés craignaient
que ce ne fût un coup à la Vol-
fel. *Nous lui dîmes là-dessus
qu'il fallait néanmoins aller en a-
vant.* (Page 82 de la *Relation du
procès du lieutenant-colonel Caron.*)

*D.* Comment l'escadron que
vous commandiez est-il sorti de
Colmar?

*R.* J'avais été la veille au soir
avec Magnien chercher le sabre
du colonel Caron ; j'allais ce
soir-là même, *avec ce sabre,* chez
le général Rambourg, *pour le
convaincre que le coup devait dé-
cidément se faire le lendemain.*

Thiers. *Rapport à son capitaine,*
    *page 26 et suiv.*

« Le sieur Caron changea le
colonel le pistolet sur la gorge, en lui
disant que s'il pouvait être un traître,
il lui brûlerait la cervelle; qu'alors le
colonel Caron lui répondit : je vois que
vous êtes un brave garçon.

premier la conversation, en disant à Magnien : Mon cher ami, j'ignore d'où vient la mesure prise par l'autorité, en faisant murer la porte de la prison, qui, pour nous, devenait d'un grand point, étant celle-là plus facile à enfoncer. Y aurait-il eu quelques aveux ? Auriez-vous commis quelque imprudence ? (J'observe que n'importe, mais elle est totalement contraire à nos projets.) Le sergent Magnien répondit à M. Caron, qu'il était sur le point de l'instruire sur cette circonstance, au moment où il l'avait lui-même annoncée. Voyant que le colonel Caron ne paraissait pas convaincu de l'innocence de Magnien, je pris la parole, et observai à Caron que dans une association comme la nôtre, où chacun de nous jouait le même rôle, sans distinction de grade, il ne fallait point, par un jugement trop précipité, inspirer de la méfiance sur un de nous ; mais que je n'apercevais dans cette affaire qu'une mesure de sûreté prise par l'autorité, et non l'effet d'un aveu. Je parvins à le persuader, mais non sans peine, de notre sincérité, qui, quoique illusoire, aurait besoin de ne point

64ᵉ *témoin.* Bonisons, chargé d'affaires de M. Bartholdy à Colmar.

Dépose qu'il a entendu dire à Gérard dans un café à Colmar, que *si l'on n'avait pas poussé le colonel Caron, il aurait toujours remis l'affaire.*

éprouver la contrariété *des me-*
*sures trop précipitées prises sans*
*doute par M. le maire; et je* vous
assure, mon capitaine, *que, si*
*malgré toutes les peines que nous*
*pouvons nous donner, notre en-*
*treprise n'était pas couronnée d'un*
*succès parfait, je ne pourrais en*
*accuser que celui qui, par défaut*
*de confiance en nous, ou peut-*
*être un zèle trop ardent, prend des*
*mesures trop précipitées,* et qui ne
tendent qu'à faire connaître que
les aveux qui nous sont faits, ne
sont que des avis qui leur sont
transmis sur-le-champ. Autre
inconséquence. *Le nommé Ca-*
*ron entrait librement à la prison*
*pour y voir le colonel Pailhès;*
*sa permission portait de midi à*
*une heure, et il s'y était présenté*
*jusqu'à ce jour à dix heures; à*
*neuf heures, on l'avait toujours*
*laissé entrer* (1). *Hier seulement,*
*le secrétaire de cette prison lui* ob-
serva qu'il ne pouvait entrer qu'à
l'heure indiquée sur ladite permission; ce qui étonna Caron.
Il se retira, et retourna à l'heure fixée. Arrivé auprès de Pailhès,
ce dernier lui dit : *Mon cher Ca-*
*ron, je croyais te voir amener ici*

______

(1) Il est certain que les parens des accusés détenus à Colmar, et notamment la mère de l'un d'eux, n'ont jamais joui de ce privilége.

*aujourd'hui ; car je crains que tu
ne sois trahi.* Les mesures prises
dans cette maison en faisant murer la porte dont nous avons parlé , m'ont inspiré des craintes
que je crois fondées; mais ce qui
me tranquillise, c'est que je crois
avoir réussi à éloigner les soupçons de Caron.

» Je demandai ensuite à Caron
*si définitivement nous fixions le
jour de notre affaire.*»

Le sergent Magnien. Rapport
à son capitaine. (*page* 24, *Ibid.*)

« La porte de la prison n° 1,
qui vient d'être murée, lui a donné de forts soupçons; il n'en fut
dépersuadé que par les sermens
qni nous liaient, et que nous ju-
râmes de nouveau de conserver.»

Magnien.

*D.* Par qui avez-vous été présenté au colonel Caron pour la
première fois?

*R.* Par Delzaive. (*Page* 80,
*Ibid.*)

*Rapport du capitaine Nicol, d'a-
près un rapport de Gérard. Page* 25 *de la relation.*

*Gérard insista beaucoup pour
ne plus retarder, parce que de
jour en jour il attendait le colonel
Courtier dont la surveillance le*

65e *témoin.* Dockès, marchand à
Colmar.

Dépose qu'il était au café Blondeau
à Colmar, quand il entendit Thiers dire à des personnes qui buvaient avec
lui, que le colonel Caron *ne voulait
pas se décider, et que lui Thiers l'avait
forcé le pistolet sur la gorge à marcher.*

Il raconte ensuite que le lieutenant-
colonel du 46e de ligne qui venait quelquefois chez lui, lui a dit un jour, en
lui parlant de la relation des événemens
des 2 et 3 juillet, publiée par M. le
député Kœchlin, qu'il était bien aise
que ce 46e n'y fût pas nommé, parce
que ces événemens ne lui feraient pas
honneur.

Le président fait remarquer ici au
témoin Dockès, qu'il lui est difficile
de croire qu'un lieutenant-colonel puisse avoir de pareilles conversations avec
*un Juif.* Le témoin tire de sa poche
une lettre du même lieutenant-colonel,
et la remet pour toute réponse à M. le
président. Me Liectenberger (défenseur
du lieutenant-colonel Caron) fait observer à M. le président que le témoin
Dockès est un négociant recommanda-

*gênerait beaucoup. Il était d'ail-leurs presque sûr d'être surveillé par le lieutenant-colonel Joly, qui avait remarqué ses fréquen-tes absences, et le lui avait dit.* Mais Thiers l'ayant touché avec le pied, il comprit le signe et n'insista plus.

Gérard n'ayant pu entretenir Thiers avant de voir Caron, par-vint à lui parler après la sépara-tion des conjurés. Il apprit de Thiers *que ce sous-officier avait reçu des instructions de son colonel pour remettre l'expédition à mar-di 2 juillet.*

ble qui exerce son état avec probité, et qu'un juif est homme comme un chré-tien.

Gérard, *page* 101 *de la relation du procès du lieutenant-colonel Caron.*

On appelle François Boucher, de Brisack. Ce jeune homme, quel-ques jours après l'arrivée de Delzaive au cabaret de la veuve Kauff-mann, doit avoir été chargé d'une lettre écrite par Gérard à l'accusé Roger, dans laquelle Gérard sollicitait le colonel Caron de lui accor-der une nouvelle entrevue.

Le témoin Gérard se lève et déclare qu'il a en effet envoyé ce jeune homme pour demander un rendez-vous; il dit : Depuis dix à douze jours, il n'y avait plus d'entrevue, *et j'ai écrit cette lettre pour* RENOUER L'AFFAIRE.

Sur cette déclaration de Gérard, les accusés renoncent à faire en-tendre le témoin.

---

Les pièces justificatives placées sous les trois questions précédentes, ser-vent à prouver,

1°. Que la question de savoir si c'est le lieutenant-colonel Caron qui a recherché Delzaive, ou au contraire, si c'est Delzaive qui a recherché Roger et Caron pour les entretenir de son mécontentement et de ses projets d'évasion, doit être une question fort douteuse pour le ministère public lui-même;

2°. Qu'il doit être certain pour tous que le lieutenant-colonel Caron n'a pas embauché Gérard, Thiers et Magnien, puisque ceux-ci lui ont été présentés par Delzaive, sur l'indication donnée à celui-ci par l'autorité supérieure;

Que ces sous-officiers, d'après les instructions reçues, ont offert au lieutenant-colonel Caron le secours de leurs escadrons, en multipliant *les sermens* pour le persuader de la sincérité de leurs offres; que Caron voulant abandonner ses projets, ou du moins préparant toujours de nouvelles remises, les sous-officiers s'y sont opposés de toutes leurs forces, et en faisant valoir la considération de leurs dangers personnels; que Gérard lui envoyait des émissaires de Brisack à Colmar pour *renouer l'affaire;* que lorsque Caron leur a dit qu'il était sans secours pécuniaires, ces sous-officiers ont fait offre de leur propre bourse, et qu'ils ont dit que néanmoins *il fallait aller en avant;* qu'il est certain que dans un dernier rendez-vous, au milieu d'un bois, des militaires étaient postés derrière des arbres pour s'emparer de Caron, *s'il ne se montrait pas disposé à agir;* que Caron a prétendu que des menaces lui avaient été faites pour le retenir dans des projets qu'il voulait abandonner, et que trois témoins, jouissant d'une excellente réputation et d'une fortune indépendante, ont déposé, sous la foi du serment, avoir entendu Thiers et Gérard dire eux-mêmes *que le lieutenant-colonel Caron ne voulait pas se décider, et que Thiers l'avait forcé, le pistolet sur la gorge, à marcher.*

3°. Que l'heure de la désertion apparente des escadrons fut fixée par l'autorité supérieure; que les escadrons reçurent l'ordre d'obéir à Thiers et à Gérard;

Que Magnien était chargé d'apporter à Caron son uniforme, et Thiers, son sabre, après avoir montré cette arme au général Rambourg.

§ II.—*Rapports des événemens des 2 et 3 juillet, avec les habitans de Colmar et l'Alsace entière.*

I<sup>re</sup> Question.—A-t-on simulé, en présence des habitans de Colmar, le crime de désertion à main armée? A-t-on cru à Colmar que les rebelles armés proféraient un cri de ralliement?

Ces questions ont paru très-importantes au ministère public; il a cru les résoudre en répétant plusieurs fois la même assertion.

### Assertions du ministère public.

(Moniteur du 8 janvier.)

« Il est constant que les escadrons quittèrent leurs garnisons, sans que *personne pût savoir quel était le motif de leur départ,* puisque ce ne fut que hors la ville qu'ils en furent instruits eux-mêmes. »

Et puis plus bas :

« Vous n'oublierez pas, messieurs, que les chasseurs de l'Allier avaient quitté Colmar, *sans que personne l'eût remarqué;* que la générale seule fit comprendre qu'il y avait quelque chose d'extraordinaire, que l'autorité se tut sur les motifs des précautions qu'elle prenait. »

Et puis encore :

« Ils ont rempli, ils ont fait

### Aveu de l'autorité supérieure du département du Haut-Rhin.

(Extrait du *Journal du Haut-Rhin*, qui est rédigé à la préfecture par M. le préfet et le secrétaire-général, n° du 6 juillet.)

Colmar a été le théâtre d'un mouvement militaire qui nous a donné quelques instans d'inquiétude.

« *Le 2 juillet à 6 heures du soir, la garnison prit subitement les armes, les postes furent renforcés, des patrouilles nombreuses parcoururent la ville, et les communications avec le dehors furent surveillées avec une grande sévérité. On se questionnait; les conjectures étaient partout en contradiction,* MAIS IL RESTAIT COMME ASSERTION POSITIVE, *qu'un escadron des chasseurs de l'Allier, en garnison dans cette ville, était parti sans officiers, et sans que les chefs du régiment en eussent été prévenus. Vers les 7 heures, on apprit qu'une ordonnance, arrivée en toute hâte de Neuf-Brisack,* ANNONÇAIT UNE PA-

remplir par leurs soldats, le rôle d'agens provocateurs! Et vis-à-vis de qui? de la ville de Colmar, *aux habitans de laquelle on a soigneusement dissimulé ce qui se passait.* »

REILLE DÉSERTION *d'un escadron des chasseurs de la Charente.*

*Proclamation de M. de Puymaigre, préfet du Haut-Rhin.*

« *Habitans du Haut-Rhin!* Vous venez encore de *donner des preuves de l'excellent esprit qui vous anime.*

Cet excellent esprit venait donc d'être éprouvé!

*Attestation donnée par des habitans notables de la ville de Colmar.*

« Les soussignés, habitans de la ville de Colmar, déclarent qu'il est à leur parfaite connaissance, que le deux juillet dernier, peu après cinq heures du soir, on a battu la générale et sonné le boute-selle;

» Que la garnison a pris aussitôt les armes, la cavalerie en bataille devant son quartier, et l'infanterie occupant les différentes places et les carrefours;

» Que la troupe a chargé ses armes ostensiblement;

Que des patrouilles nombreuses de gendarmerie, cavalerie, infanterie, ont parcouru tant l'intérieur que l'extérieur de la ville, les armes à la main;

» Que des grand'gardes ont été placées sur toutes les routes qui aboutissent à la ville, qu'elles ont poussé des vedettes en avant, qui avaient le pistolet au poing; en un mot, que la troupe s'est établie militairement;

Que M. le général commandant le département, ainsi que M. le préfet, ont parcouru la ville à cheval, M. le maire à pied, tous revêtus de leurs marques distinctives, l'épée au côté;

« Que toutes les avenues qui conduisent à la prison ont été interdites à tout le monde;

» Que les pompes à feu ont été extraites de leur dépôt ordinaire, et stationnées sur différens points avec les pompiers prêts à les servir;

» Que l'entrée et la sortie de la ville ont été interdites à tout le monde, jusqu'à 7 heures du soir;

» Que la consternation a été générale dans la ville, et que les citoyens qui se réunissaient dans les rues, pour s'enquérir des motifs de cet appareil de guerre, ont été sommés de rentrer chez eux;

» Que pareille sommation a été faite aux personnes qui se promenaient sur le boulevart, par les patrouilles qui circulaient à l'extérieur;

» Que sur ces entrefaites, le bruit se répandit qu'un escadron du 1er régiment de chasseurs *avait déserté*, et qu'il était allé se mettre sous les ordres du lieutenant-colonel Caron;

» Que par une publication faite au son du tambour, par ordre de M. le maire, il a été enjoint aux chefs de famille, de faire rentrer leurs enfans et leurs domestiques, des faits et gestes desquels ils demeuraient responsables ;

» Que cette proclamation, loin de calmer les inquiétudes qui tourmentaient les citoyens de Colmar, les avait aggravées- par son ton énigmatique, et que ce ne fut que le lendemain trois juillet vers dix heures du matin que la tranquillité des esprits se rétablit par le retour de l'escadron *soi-disant déserteur*, qui ramenait avec lui trois prisonniers, parmi lesquels se trouvait le lieutenant-colonel Caron.

Colmar, le 12 décembre 1822.

*André* (du Bas-Rhin), conseiller à la cour royale, électeur; *Morel*, docteur en médecine et en chirurgie, électeur; *Marx* père, ancien receveur-général, électeur; *Marcon*, propriétaire, électeur; *E. Antonin*, avocat; *Marx*, officier de cavalerie; *Hitschler*, lieutenant des pompiers, électeur; *Metzger* père, administrateur de l'hospice civil, électeur; *Richart*, juge au tribunal civil, électeur; *Richart*, docteur médecin; *Bartholdi*, médecin, électeur; *Louis Ehrlen*, négociant, électeur; *Méquillet*, président du tribunal de commerce, électeur; *J. D. Scheurer*, juge du tribunal de commerce, électeur; *F. Faudel*, docteur médecin; *Joseph Wimpffen*, droguiste, électeur; *Jean Kiener*, négociant, électeur; *Adam Eggerlé* fils, propriétaire; *Sandherr*, avocat, électeur; *J. Hitschler* fils, né-

gociant; *Eggerlé* (*Daniel-Adam*), pro
priétaire, électeur; *Jean Scheurer*, propriétaire; *G. Brusmann*, négociant, é-
lecteur; *Georges Nerr*, négociant; *B.
Nerr*, juge au tribunal de commerce,
électeur; *Gloxin*, avocat, électeur;
*Jacques Kiener*, négociant marchand
de draps; *Chappui*, négociant; *M. F.
Chevallier*, négociant, électeur; *C. L.
Breithaupt*, pharmacien; *Barth*, orfè-
vre, électeur; *Pflug*, négociant; *J. D.
Pabst*, négociant, électeur; *P. Altherr*,
juge suppléant au tribunal du commerce; *Gérard*, pharmacien; *Geistod*,
(Louis), tanneur, électeur; *Baer*, orfè-
vre, électeur; *Reiffnach*, tenant l'hôtel
des Deux-Clefs, électeur; *Lindwurm*,
officier de santé; *André Scheurer*, tanneur, électeur; *Cuny*, négociant; *Or-
tlieb*, directeur des messageries; *D. A.
Gastard*, négociant; *Herdner*, négociant; *Armbruster*, marchand de meu-
bles; *J. J. Waldner*, marchand pelle-
tier; *J. Stoecklin*, négociant; *J. Meyer*,
propriétaire; *Belin*, médecin, électeur;
*Pannetier*, libraire; *Schedelin*, pharmacien; *J. Kiener*, propriétaire, électeur; *M. Edighoffen*, tenant l'hôtel du
Roi de Pologne, électeur; *Zipsel*, administrateur de l'hospice civil; *David Ott*,
négociant marchand de draps; *Zurlin-
den*, négociant marchand de draps;
*Patocki*, administrateur de l'hospice
civil, électeur; *Berdot*, médecin, électeur; *Gudimar*, propriétaire, électeur;

*Keibler,* propriétaire; *G. Fred. Gsell,* marchand tapissier; *Scheffter,* propriétaire, électeur; *Charles Kress,* fondeur; *Tschann,* propriétaire, électeur.

11ᵉ Question. —Les cris de *vive l'empereur* ont-ils été proférés dans les campagnes? Qui a proféré les premiers cris provocateurs? est-ce Caron, est-ce l'escadron de l'Allier? Les chasseurs ont-ils ajouté d'autres provocations à ces cris?

*Assertions du ministère public.*

«Arrivé à la hauteur de Hatts- » tatt, l'escadron de Colmar re- » contre Caron, il revêt son uni- » forme de colonel de dragons ; » un sous-officier s'avance au de- » vant de lui, et lui demande » quel cri il faut faire proférer à » la troupe ; Caron répond *vi- » ve l'empereur!*

» Ce cri est proféré par la trou- » pe, et Caron en prend le com- » mandement.

. . . . . . . . . . . . . . . .

» En avant de Mayenheim, on » trouve l'escadron des chasseurs » de la Charente. Caron le haran- » gue et crie *vive l'empereur!*

» Ils trouvèrent Caron au *mi- » lieu des champs;* après avoir été » harangués par lui, ils crièrent *» vive l'empereur! »*

. . . . . . . . . . . . . . . .

. . . . . . . . . . . . . . . .

*Dire de Caron et des témoins.*

Voici comment s'exprime Caron, relativement à l'escadron parti de Colmar.

« Quant à ma déclaration, elle a été » celle-ci : L'escadron de l'Allier est » arrivé à moi à la hauteur de Hattstatt, *» en criant vive l'empereur !* on a *enco- » re crié* après la harangue; mais depuis » il n'a été proféré aucun cri dans la » marche. Je l'ai formellement défendu » en passant à Rouffac, où le maréchal- » des-logis Thiers me demanda de faire » crier. Cependant j'ai ajouté , que » comme l'arrière-garde était fort éloi » gnée, j'ignorais ce qu'elle avait fait.

*On m'a même rapporté depuis que des cris y avaient été poussés.*

*Page* 60 *de la relation du procès du lieutenant-colonel Caron,* il s'exprime ainsi :

«Voici ce qui s'est passé : L'escadron » arriva à moi au grand trot, les chas- » seurs brandissant leurs 'sabres , en » criant *vive l'empereur !* alors, Thiers » s'avança, et me dit : Colonel, je vous » remets votre sabre et le commande-

*Rapport de M. Nicolle à M. le che-*
*valier Joly, page 38 de la relation*
*du lieutenant- colonel Caron.*

«Roger, parfaitement rassuré
»par notre attitude, nous con-
»duisit à Mayenheim, où nous
»attendîmes environ 20 minutes
»l'escadron de l'Allier, à la tête
»duquel se trouvait le sieur Ca-
»ron. Il déboucha bientôt de ce
»village, en tenue de lieutenant-
»colonel de dragons. Après avoir
»fait former son escadron, il a-
»vança vers nous et nous haran-
»gua en ces termes : « Braves
»soldats du 6ᵉ régiment, vous
»avez juré d'obéir à vos sous-of-
»ficiers, les militaires français
»n'ont jamais manqué à leurs
»sermens. Je suis envoyé par
»l'empereur pour vous comman-
»der, j'espère que nous le servi-
»rons avec zèle. *Vive l'empereur.*
»*Ce cri fut répété,* ainsi qu'il était
»convenu. On fit mettre pied à
»terre. Le maréchal-des-logis
»Darantiès adressa aux chasseurs
»du régiment les paroles suivan-
»tes : «Le colonel Caron ne veut
»pas que les chasseurs travaillent
»sans avoir du profit; il promet
»à chaque homme 3 francs par

»ment de l'escadron, au nom de l'em-
»pereur; vous voyez que je vous amène
»des hommes bien décidés, etc. »

*Page* 89, *ibid.* M. Aupecle, sous-
lieutenant des chasseurs de l'Allier.

Il fut désigné par son colonel pour
se déguiser en simple chasseur et marcher avec l'escadron; il déclare que
l'escadron est arrivé sur la hauteur de
Hattstatt *au cri de vive l'empereur.*

*Ibid.* Borel de La Rivière, sous-lieutenant au même régiment, fait la même déposition.

*Page* 104, *Ibid.* Heyberger cultiva-
teur, dépose que l'escadron poussa des
cris sur la hauteur de Hattstatt en arrivant et avant le discours de Caron.

Bourdeux, maréchal-des-logis au même régiment, déclare aussi que les chasseurs sont arrivés à la hauteur de Hattstatt *aux cris de vive l'empereur, avant
la harangue de Caron.*

Dayant, maréchal-des-logis, même
déposition.

*Attestation délivrée par le sieur Pfulb.*

Le soussigné Richard Pfulb, propriétaire à Mayenheim, arrondissement de
Colmar, déclare sur la demande de M.
Kœchlin, député du Haut-Rhin, que
le 2 juillet dernier, entre 7 et 8 heures du soir, deux escadrons de chasseurs à cheval sont arrivés dans la
commune, sous la conduite d'un colonel qu'on a su depuis être le lieutenant-

» jour, à dater de ce moment ;
» mais il ordonne que tout ce qui
» sera pris chez l'habitant soit
» exactement payé. *Les cris de*
» *vive l'empereur*, et on y ajouta
» *ceux de vive Caron.*

M. NICOL. (*Page 86 de la relation.*)

» Après sa harangue à Mayen-
» heim, l'accusé Caron cria *vive*
» *l'empereur, et ce cri fut répété*
» *par les deux escadrons, comme il*
» *avait été convenu.*

### Page 119 *de la relation du procès de Caron.*

» *M. le Président.* J'ai déjà eu
» occasion de remarquer, et je l'ai
» fait publiquement, que la dépo-
» sition des témoins et des accu-
» sés eux-mêmes ont constaté que
» les escadrons n'avaient proféré
» aucun cri dans leur marche. Je
» déclare donc de nouveau, et je
» proclame du haut de mon tribu-
» nal à la France et à l'Europe
» entière, que les troupes du roi
» ont été indignement calomniées
» dans un libelle où on a imprimé
» que les escadrons de l'Allier
» et de la Charente avaient tra-
» versé les campagnes de l'Alsace
» en proférant des cris séditieux

colonel Caron; *que cette troupe, après*
*s'être répandue dans une partie de la*
*commune, où des patrouilles faisaient*
*leur reconnaissance au cri de vive*
*l'empereur, vive Napoléon !* est allée
bivouaquer sous des saules à l'entrée
de la commune, où on a été dans le
cas de leur fournir à boire et à manger;
que lui, déclarant, ayant aidé sa belle-
sœur, aubergiste qui était chargée de
faire les fournitures, a été interrogé
par plusieurs chasseurs, ou officiers
déguisés en chasseurs, sur l'esprit dont
étaient animés les habitans, sur le
nombre de jeunes gens qui seraient capables de prendre les armes ou de
monter à cheval, etc.; qu'après avoir bu
quelques verres de vin ensemble, un
sous-officier de chasseurs a proclamé
le colonel, *chef des deux escadrons, et*
*que toute la troupe a crié ensuite, à*
*plusieurs reprises : vive l'empereur,*
*vive Napoléon !* après quoi elle a pris la
route d'Ensirheim; que le lendemain
ces mêmes chasseurs sont revenus ame-
nant avec eux le colonel proclamé la
veille, qui se trouvait garrotté sur une
voiture avec deux autres individus; que
lui, déclarant, a été arrêté le même
jour et conduit dans les prisons de
Colmar, par un gendarme et deux
sous-officiers de chasseurs, sous le prétexte qu'il avait répondu aux provocations séditieuses qui lui avaient été a-
dressées la veille par la troupe qui si-

» et en excitant les citoyens à la
» révolte. Je le répète, c'est du
» haut de mon tribunal que je
» proclame cette vérité; je deman-
» de, sous ma responsabilité per-
» sonnelle, qu'il en soit fait men-
» tion au procès-verbal et j'en de-
» mande acte.

*Extrait de la plaidoirie du mi-
nistère public.*

« L'auteur de la brochure en *a
» imposé* en disant qu'on avait
» poussé des cris à la hauteur
» d'Hattstatt.

mulait la révolte; mais qu'après 18
heures de détention, il avait été rendu
à la liberté.

Mayenheim, le 30 décembre 1822.

R. PFULB.

*Moniteur du 6 juillet 1822.*

» Caron a traversé Hattstatt et Rouf-
» fack au cri de *vive l'empereur;* les
» paysans effrayés prenaient la fuite à
» son approche.

Le *Moniteur* n'entendait pas dire
que Caron criait seul à la tête de son
escadron.

Y a-t-il eu dans les campagnes d'autres provocations que celles
résultant des cris séditieux proférés en plein jour sur un grand
chemin à la hauteur d'Hattstatt, et dans la nuit au village de
Mayenheim?

*Assertions du ministère public.*

(Moniteur du 8 janvier.)

« Il n'y a pas eu plus de provocateurs que de complot, parce
que les soldats du roi cher-
chaient à saisir ses ennemis déclarés, et non pas *à découvrir le
secret des consciences.* »

*Extrait de l'attestation donnée par
Pfulb, dont le ministère public a
invoqué le témoignage.*

« Lui, déclarant.... a été interrogé
» par plusieurs chasseurs, ou officiers
» déguisés en chasseurs, sur l'esprit dont
» étaient animés les habitans, *sur le
» nombre de jeunes gens qui seraient
» capables de prendre les armes, ou de
» monter à cheval,* etc.; qu'après avoir
» bu quelques verres de vin ensemble, un
» sous-officier de chasseurs a proclamé le

*Discours du ministère public.*

(Moniteur du 8 janvier.)

« Ils ont rempli, ils ont fait »remplir par leurs soldats le rôle »d'agens provocateurs! et vis-à-»vis de qui?»

»colonel chef des deux escadrons, et »que toute la troupe a crié ensuite à »plusieurs reprises, *vive l'empereur,* »*vive Napoléon!*

*Déclaration du maire de Battenheim.*

Le soussigné Georges Reithinger, propriétaire et ancien maire de Battenheim, arrondissement d'Altthiuh, déclare par les présentes, sur la demande à lui faite par M. Kœchlin, député du Haut-Rhin, qu'il est de toute vérité que dans la nuit du 2 juillet 1822, après minuit, une dixaine de chasseurs à cheval se sont présentés dans la commune, et se sont adressés au déclarant, alors maire, pour l'inviter à préparer des billets de logement pour deux escadrons, un colonel et plusieurs officiers; que le déclarant ayant demandé aux dix chasseurs leur feuille de route, et s'étant refusé à leur donner le logement, l'un *d'eux lui répliqua :* «*Nous ne sommes plus les soldats du roi; nous sommes des soldats de Napoléon!* en ajoutant, que si on n'accordait pas le logement, *ils se logeraient militairement.* Que les deux escadrons sont arrivés, pendant ce colloque, devant la maison du déclarant, et qu'une autre partie de chasseurs avec un colonel étant entrée dans la chambre, et pendant que le greffier de la mairie s'occupait à faire les billets de logement, un chasseur a pris subitement le colonel

à brasse-corps, l'a jeté par terre, et
que tous les chasseurs qui se trouvaient
dans la chambre ont tiré leurs sabres
ou leurs pistolets, en criant : « coquin,
» tu nous a trompés ; où sont les cons-
» pirateurs? où est l'argent que tu nous
» avais promis ? tu mérites d'être as-
» sommé!» que deux autres individus furent également saisis par les chasseurs,
et que tous trois furent garrottés pour
passer, dans cette attitude, toute la
nuit dans la maison du déclarant; qu'a-
près cette arrestation, plusieurs chasseurs se sont fait connaître comme officiers, et que l'un d'eux, se disant capitaine Nicol, signa un bon de fournitures;
qu'après avoir demandé un char pour
aller à Habsheim, trois chasseurs, sur
le refus du maire d'en accorder un, sont
montés à cheval et se sont rendus à
Habsheim, et qu'à leur retour, vers 7
heures du matin, l'un d'eux dit « que
» s'ils étaient arrivés 5 minutes plus tôt
» dans cette dernière commune, ils y
» auraient trouvé une douzaine de cons-
» pirateurs. »

Le soussigné déclare encore, qu'a-
près le départ des deux escadrons, on
trouva dans la chambre de sa maison
où avaient été les chasseurs, un sac de
cartouches. Il ajoute que dans la jour-
née du 3, M. le sous-préfet, M. le procureur du roi et le lieutenant de gendarmerie, se sont rendus dans la commune pour prendre des informations,

(Moniteur du 8 janvier.)

« Ils ont rempli le rôle d'agens
» provocateurs ! et vis-à-vis de
» qui ? »

*Discours du ministère public.*

(Moniteur du 8 janvier.)

« Si l'on eût voulu sonder l'esprit des habitans, on se fût approché de la ville, on s'en fût
approché en plein jour; *on eût
envoyé des émissaires, pour faire
savoir que l'on était révolté.* »

» Ainsi, les cris n'ont été poussés qu'en présence de Caron; personne autre que lui *n'a pu être
trompé par la révolte.* »

*et qu'ils ont surtout demandé s'il n'y
avait pas eu à Battenheim des personnes de Mulhausen……… Il ajoute encore que les chasseurs avaient demandé,
dans le principe,* QU'ON SONNAT LE TOC-
SIN, *mais que craignant les conséquences d'une pareille détermination, lui,
déclarant, s'y était fortement opposé.*

Battenheim, le 27 décembre 1822.

## REITHINGER.

*Rapport de M. de Nicol à son colonel.*

» J'expédiai sur Habsheim les maré-
» chaux-de-logis Thiers-et Darantière
» et le maréchal-des-logis Gérard, avec
» ordre de dire au nom de Caron qu'il
» attendait son monde à Battenheim, la
» fatigue des chevaux l'ayant obligé de
» s'arrêter. »

On lit plus bas dans le même rapport : « ces dispositions, au reste, sont
» aussi inutiles là qu'ailleurs où tout le
» monde est resté parfaitement tran-
» quille, paraissant beaucoup plus sur-
» pris qu'enchanté de *cette révolte ap-*
» *parente.*

« A Mayenheim seulement, le parti-
» culier qui a livré le fourrage, est en-
» tré très-chaudement dans les projets
» de Caron. Nous lui avons entendu
» tenir des propos que nous avons *cru*
» *devoir rapporter à M. le procureur-*
» *général, qui a de suite lancé* un man-
» dat d'arrêt qui doit être mis en exé-
» cution dans ce moment. »

*« Personne n'a pu être trompé*
*» par la révolte.... »*

*Extraits de la plaidoirie du mi-*
*nistère public.*

(Moniteur du 8 janvier.)

« Un des plus grands reproches que nous puissions adresser à M. Kœchlin est d'avoir
trompé des députés des départemens, qui du haut de la tribune
ont déversé le blâme et l'injure
sur des militaires, qui n'eurent
d'autre tort que d'avoir été fi-
dèles à leurs sermens et à leur
roi.

. . . . . . . . . . . . . . . . .

» Il a trompé ceux qui ont lu
la brochure; il a trompé la France entière; car bientôt de la tribune, ces calomnies y ont été
répandues. Des députés confians
dans le récit de leur collègue,
ont, sur sa foi, déversé l'injure,
l'outrage sur de braves militaires, sur d'estimables fonctionnaires publics. »

*Extrait du Moniteur du 6 juillet 1822.*

On a vu des maires de campagne accourir avec précipitation pour obtenir
du préfet l'autorisation de *sonner le*
*tocsin,* et de faire marcher les paysans
contre les soldats *qu'ils supposaient ré-*
*voltés.*

*Extrait du discours sur la loi générale*
*des finances, prononcé à la chambre*
*des députés, par M. Bignon, député*
*du Haut-Rhin, dans la séance du*
*15 juillet 1822.*

« Jadis, pour veiller à sa tranquillité
» domestique, la ville de Paris avait des
» compagnies du guet qui, tout utiles
» qu'elles pouvaient être, n'avaient pas
» l'honneur de compter dans l'armée.
» Les armées ne seraient-elles plus que
» de grandes compagnies du guet qui
» font leurs campagnes dans l'intérieur?
» Au lieu de dire avec orgueil, comme
» autrefois : j'étais à Denain ou à Maren-
» go, à Fontenoy ou à Austerlitz, fau-
» dra-t-il que nos braves soient con-
» damnés à dire avec une patriotique
» douleur : j'étais à Lyon, à Toulouse,
» ou à Nantes; ou bien encore : « J'É-
» TAIS DANS CES ESCADRONS qui parcou-
» raient les campagnes du département
» du Haut-Rhin, en criant : *vive l'em-*
» *pereur!* pour mettre à l'épreuve les
» dispositions des habitans ? »

« M. FOY.—C'est une infamie! c'est
» la bassesse des bassesses!

( 64 )

Ces paroles ont été prononcées dans la chambre des députés le 15 juillet.

Ma relation n'a été imprimée que *le* 12 *août.*

Et le ministère public a répété que c'était sur la foi d'une relation publiée le 12 août, que des paroles avaient été prononcées le 15 juillet.

---

Il n'a pas été contesté par le ministère public que les sous-officiers aient prodigué les faux sermens pour inspirer plus de confiance au lieutenant-colonel Caron......... Et voici comment l'organe de cette magistrature s'est exprimé sur la moralité de ce fait :

« Que devaient faire les soldats et leurs chefs ? C'est une question impor-
» tante ; car à une précédente audience, on vous a souvent répété qu'il était
» contre la saine morale de faire faire aux soldats de faux sermens.

» Il est bien difficile de satisfaire l'esprit de parti. Sa mauvaise foi lui fait
» trouver des excuses à toutes ses actions, et le moyen d'*envenimer* tout ce
» qui lui est contraire.

» On s'est joué des sermens ! Est-ce que ces braves n'avaient pas prêté
» serment au roi ? Est-ce que le véritable crime n'est pas d'avoir cherché à
» le leur faire oublier ? »

*Extrait du Journal du Haut-Rhin, du* 13 *juillet* 1822.

Ordre du jour.

Le lieutenant-général commandant la 5<sup>me</sup> division, a réuni hier, sur le Champ-de-Mars, à Colmar, et ce matin, près du bois d'Andolsheim, sur le terrain même où la trahison croyait avoir ourdi des trames criminelles, le 46<sup>e</sup> régiment d'infanterie de ligne, et les deux régimens de chasseurs à cheval de l'Allier et de la Charente.

Après en avoir passé l'inspection, le général a adressé à ces beaux et braves régimens, le discours suivant :

« Soldats !

» La subdivision à laquelle vous appartenez est devenue deux fois pour les
» méchans un point de mire.

» Ils ont cru semer parmi vous la séduction, et opérer à votre aide des
» *entraînemens criminels;* eux seuls sont tombés dans l'abîme où voulait vous
» pousser leur délire.

» Le père de la patrie, souriant à la fidélité de ses enfans, se complaît à dé-
» verser sur eux ses bienfaits à pleines mains.

» Pour la seconde fois j'ai la noble tâche de (vous exprimer la satisfaction
» royale. L'héritage écrit en est légué à chacun de vos chefs.

» M. le capitaine de Nicol est promu au grade de chef d'escadron, et
» nommé à un emploi vacant de ce grade dans le régiment des chasseurs des
» Pyrénées.

» Les sieurs Thiers, maréchal-des-logis-chef aux chasseurs de l'Allier; Gé-
» rard, maréchal-dés-logis aux chasseurs de la Charente, et Magnien, sergent
» au 46e régiment d'infanterie de ligne, sont promus au grade de sous-lieute-
» nant, et nommés à des emplois de ce grade, savoir :

» Les sieurs Magnien, au 46e régiment;

» Thiers, aux chasseurs de la Sarthe;

» Et Gérard, aux chasseurs de la Somme.

» Le roi a poussé sa bienveillance paternelle jusqu'à me charger d'appor-
» ter à chacun de ces officiers, ainsi qu'au sergent Delzaive, une gratification
» de 1,500 francs.

» Sa Majesté, satisfaite de la conduite de tous ses soldats du 46e régiment de
» ligne, et des régimens des chasseurs de l'Allier et de la Charente, a voulu
» qu'ils pussent boire à sa santé, et leur a fait allouer une gratification extraor-
» dinaire fixée comme il suit :

» Trois francs à chaque sous-officier;

» Deux francs à chaque caporal, brigadier, tambour ou trompette;

» Et un franc à chaque soldat ou chasseur.

» Soldats ! que tant de soins de la sollicitude royale restent à jamais gravés
» dans vos cœurs ! Je l'ai dit, et je l'affirme avec confiance, ces cœurs sont
» la barrière d'airain au pied de laquelle tomberont impuissans tous les traits

» qu'oseraient encore essayer les ennemis du repos, du bonheur et de la gloire
» de la France. *Vive le roi !*

*Les officiers et sous-officiers promus, ayant été reconnus à la tête de leurs anciens régimens dans leurs nouveaux grades, le lieutenant-général a fait la remise à ces derniers, ainsi qu'au sergent Delzaive, de la gratification royale de 1,500 francs, donnée à chacun d'eux.*

Donné au quartier-général, à Colmar, le 12 juillet 1822.

*Le lieutenant-général des armées du roi, etc., etc., commandant la 5ᵉ division militaire,*

*Signé* Baron **PAMPHILE DELACROIX.**


**KOECHLIN.**